Arsène Wenger
La filosofía de un líder

Arsène Wenger

La filosofía de un líder

Traducción de Arturo Peral Santamaría

CÓRNER

Título original en francés: *Ma vie en rouge et blanc*

Primera edición: marzo de 2021

Av. Marquès de l'Argentera, 17. Pral.
08003 Barcelona
actualidad@rocaeditorial.com
www.rocalibros.com

Impreso por LIBERDÚPLEX, S. L. U.

ISBN: 978-84-120637-4-5
Depósito legal: B. 2266-2021
Código IBIC: WSJA, BGSA

RC63745

«Todo lo excelso es tan difícil como raro.»

Ética, Spinoza

* * *

«Intentar que los hombres cobren conciencia de esa grandeza que no saben que albergan.»

La tentación de occidente, André Malraux

Índice

Me fui del Arsenal el 13 de mayo de 2018.

Un club que, durante veintidós años, fue mi vida, mi pasión y mi preocupación permanente. Gracias al Arsenal, he ejercido mi trabajo de entrenador como he querido: he influido en la vida de los jugadores, he inculcado en ellos un estilo de juego y he alcanzado victorias extraordinarias. He disfrutado de una libertad y un poder que los entrenadores de hoy en día ya no tienen.

Tras estos años magníficos, duros e inolvidables, dejar el club y perder esa vida tan intensa resultó difícil. El Arsenal sigue siendo parte de mí: digo «mi club» cuando hablo de él y, aunque esté en otras manos, pienso en él con pasión; en los hinchas y en los jugadores que he seleccionado, a los que he formado y a los que he acompañado y empujado a dar lo mejor de sí mismos. Lo que me interesa es el juego y los hombres, los momentos de gracia que el fútbol ofrece a quienes lo aman y se lo dan todo. Los partidos ganados son recuerdos valiosos, mientras que los perdidos, los que temo revivir, me siguen obsesionando años después. ¿Qué tenía que haber hecho? ¿Qué ocurrió? Mi vida entera osciló entre el amor a la victoria y el desprecio a la derrota.

Soy un hombre apasionado, y mi pasión no se apaga.

Cuando llegué al Arsenal, los ingleses no me conocían. La pregunta «*Arsène who?*» era recurrente. Resultaba comprensible. Era el tercer entrenador extranjero en la historia del fútbol inglés. Las dos experiencias anteriores habían acabado mal. Los ingleses inventaron el fútbol, igual que los franceses inventamos el vino. Nadie le pide a un inglés que vaya a Burdeos a producir vino. Durante veintidós años, he buscado el triunfo de la esencia del fútbol y del terreno de juego. Antes había vivido victorias, derrotas, decepciones, momentos de cólera, despedidas, y también había conocido a jugadores magníficos, pero ningún equipo me ha llegado tan adentro como el Arsenal.

El club ha cambiado mucho, y yo con él. Y el fútbol con nosotros. El fútbol que yo he practicado, las condiciones en las cuales he ejercitado mi pasión, la libertad que he tenido, así como todo el tiempo que he permanecido a la cabeza de un club, todo esto ha desaparecido casi por completo. Dudo que un jugador hoy en día, sin club antes de los catorce años y sin entrenador antes de los diecinueve, pueda pasar del campeonato regional a la Premier League, jugar tantos partidos y vivir tantas aventuras. Dudo que un entrenador actual pueda dirigir a un equipo como el Arsenal seleccionando a los futbolistas como yo lo hice, con una libertad y un compromiso absolutos. Fue una oportunidad y un sacrificio consentido.

Y

En los últimos años, el fútbol ha experimentado grandes transformaciones.

Algunas más sorprendentes que otras.

La internacionalización de los propietarios, la aparición de las redes sociales (con sus exigencias y sus excesos), la soledad y la presión crecientes para el jugador y el entrenador frente a unas expectativas cada vez mayores. El fútbol ha cambiado mucho, tanto antes como después del partido. Y sobre todo ha surgido un análisis más racional del juego. Pero hay algo que no cambia, los noventa minutos pertenecen siempre a un solo rey: el jugador.

Europa ya no está dominada por tres clubes, como antes sucedía con el Bayern, el Real Madrid y el Barcelona. Los demás equipos han aumentado su nivel.

Los analistas ahora ocupan más espacio, sobre todo en los descansos, lo que permite comprender mejor el juego y disponer de criterios de análisis objetivos del partido; antes, todo estaba en manos de la subjetividad del entrenador. No obstante, el entrenador sigue siendo el único que decide.

Las estadísticas y la tecnología deben formar parte del análisis futbolístico de cada jugador, pero hay que usarlas a partir de un conocimiento profundo del juego. Los últimos estudios muestran que demasiados datos pueden desmoralizar al futbolista, al que parece que se despersonaliza.

Más que nunca, el entrenador es el responsable del resultado, aunque no siempre dispone de los medios para influir en todas las decisiones. Y, respecto a él, los comentarios siempre son exagerados: «Es genial», «Es un negado…».

A menudo, contribuimos a ello sin darnos cuenta, pues nos encerramos demasiado en nuestras convicciones. Ahora que he salido de esa burbuja, lo veo todo más claro: los ataques injustificados, los comentarios exagerados, la soledad del entrenador… Leo *L'Équipe* a diario, veo partidos (uno, dos o tres al día), escucho y me pregunto si lo que se comenta es justo, por qué ha pasado lo que ha pasado o dónde encontramos la esencia del juego. Y puedo hacer lo mismo con mi vida, con mis compromisos y mis pasiones.

Observo cómo cambia todo y reflexiono al respecto. No obstante, el fútbol es lo que es: un juego en el que puede ocurrir de todo, con veintidós jugadores, con noventa minutos, con gestos magníficos, con una parte de azar, con talento y valor, con magia y, por último, con la búsqueda de una emoción, de un recuerdo, de una lección de vida para los espectadores.

El fútbol vive bajo la presión del resultado. Hay que saber distanciarse, analizar las cosas desde arriba. Para evolucionar, el club debe apoyarse en tres criterios: la estrategia, la planificación y la aplicación.

Llevo jugando al fútbol desde pequeño. He pasado por clubes *amateurs* con futbolistas y entrenadores que jugaban magníficamente, que vibraban en cada partido, que no hablaban más que de fútbol, que se iban a la otra punta de Francia en vagones de tren de segunda para jugar, que regresaban de madrugada a Estrasburgo para empalmar con su trabajo en la fábrica. Y no se quejaban: solo querían jugar y ganar el próximo partido. Esa experiencia creó lazos para toda la vida, y los entrenadores de esos equipos han sido mis mentores. Eran apasionados, además de realistas, y sabían transmitir el amor por el fútbol.

Para mí, jugar sigue siendo una alegría. Me reencuentro, al igual que todos los que juegan al fútbol a cualquier nivel, con mis emociones de la infancia.

Un día sin partido de fútbol me parece un día vacío. No obstante, desde hace algunos meses, en ocasiones, me pierdo algún partido de mis equipos preferidos (o de uno que me interesa). Normalmente, me gusta verlos por la televisión porque sigo aprendiendo, reflexionando, intentando progresar en mi comprensión del juego y en lo que se le puede proponer a un futbolista para que evolucione. Sin embargo, a veces, ese tiempo que consagraría al fútbol lo paso en una velada con mi hija o con algunos amigos. Antes esto habría resultado imposible. Ahora encuentro momentos de tranquilidad, en los que la belleza salta a la vista: la de un paisaje, la de ciudades como Londres o como París, donde paso cada vez más tiempo.

Durante treinta y cinco años he vivido como deportista de alto nivel, obsesionado por mi pasión. No iba al teatro ni al cine, y descuidaba a la gente de mi entorno. Durante treinta y cinco años no me he perdido ningún partido, ninguna copa, ningún campeonato. Y eso implica una disciplina de hierro. Y sigo viviendo así: me levanto a las 5:30, hago ejercicio, me entreno, como y bebo como mis antiguos jugadores. Ya no sé si es una elección o un hábito del que soy prisionero. Pero esa es mi única forma de vivir. Sin ella, creo que no sería feliz. Si la felicidad es amar la vida que vivimos, puedo decir que he sido y que soy feliz.

Durante todos estos años, para mí solo contaba el próximo partido y su resultado. Durante todo este tiempo, solo he querido ganar. Era un objetivo que se llevaba mis días y mis pensamientos. Solo me concentraba totalmente en el terreno de juego. Sin embargo, con los demás, con mis seres queridos, solía estar ausente. No veía nada, o lo veía todo en blanco y rojo, los colores de todos los equipos que he entrenado: Nancy, Mónaco, Nagoya y Arsenal. Ni belleza, ni placer, ni descanso. Solo fútbol. La idea de irme de vacaciones o de pasármelo bien no se me pasaba por la cabeza, (acaso pasajeramente). Incluso, cuando dormía, soñaba con fútbol: con los partidos que estaban por venir, con los consejos que podía dar o con los dos o tres jugadores de los que nunca estaba seguro: les hacía jugar rápido, no los retenía, contenía la frustración o seguía motivándolos. Esos eran mis fantasmas.

Suelo bromear con mis amigos diciéndoles que el césped (ese césped pisoteado del estadio, que es clave en un partido, que yo cuidaba como un poseso en el Arsenal y por el que discutía todas las mañanas con el jardinero del club) es mi única droga. Cuando se lo digo, se suelen reír, pero es la verdad. Es mi droga.

Desde que me fui del Arsenal, he rechazado ofertas de clubes en los que me ha parecido que no tendría la misma libertad o el mismo poder. He aceptado la oferta que me ha hecho la FIFA porque supone un nuevo reto y una forma eficaz de reflexionar sobre mi deporte y de trabajar en equipo, así como de recuperar el paraíso y el infierno que es el trabajo de entrenador.

Quiero compartir lo que sé, lo que he aprendido del juego y del deporte. Deseo transmitírselo a quienes lo aman, a quienes lo conocen y también a quienes se sienten ajenos a la fuerza y la belleza del fútbol, a quienes se preguntan cómo lo conseguimos, cómo llevamos a los jugadores a la victoria. Quiero hablar de qué se aprende de las derrotas propias y de las ajenas. Me gustaría contribuir a la infraestructura de nuestro juego en todo el mundo. Y hacerlo de tal manera que, allá donde nazca un futbolista con talento, alguien lo pueda descubrir y ese don se pueda desarrollar.

Hoy en día, ni mis únicos fantasmas son los jugadores antiguos ni mis únicos sueños son los partidos por venir.

Perdí a mi hermana mayor, y hace unos meses falleció mi hermano Guy. Era mayor que yo: me sacaba cinco años. Empezó en el fútbol antes que yo y fue la primera persona con la que jugué, en nuestro cuarto, en el piso de arriba del bar de mis padres, en las calles de nuestra ciudad o en el club de fútbol de Duttlenheim. Mis sueños son nuestros inicios. Esos momentos en los que todo estaba en juego. Yo era el más pequeño, pero era muy decidido. Luchaba por jugar con mi hermano y sus compañeros.

Mis sueños son los de mi infancia en Alsacia, un lugar que siempre fue mi casa y que me forjó como persona.

En mis sueños solo oigo hablar alsaciano.

Mis sueños me llevan allá donde todo empezó.

1

El niño que soñaba con el fútbol

Siempre he soportado la intensidad de mis deseos, aunque ignorara su origen. Sin duda, he de buscarlo en el pueblo alsaciano donde crecí: Duttlenheim, a varios kilómetros de Estrasburgo. Es un pueblo que ya no existe: los años han pasado y lo han transformado por completo. Soy hijo de otro siglo y de otra época; las calles que conocí y en las que jugué por primera vez al fútbol, las personas que me educaron y entre las que crecí, el terreno de juego que acogía los partidos de nuestro club, el espíritu que reinaba en los lugares, la forma en la que crecían los niños, todo eso ha cambiado mucho. Era un pueblo de agricultores en el que el caballo era el rey. También había tres herreros. Hoy en día, no queda ninguno.

Vengo de ese mundo, de ese pueblo que era como una isla. El hombre en el que me he convertido, el jugador y el entrenador que fui, el hombre que no piensa más que en fútbol, se forjó y se modeló gracias al espíritu de esas tierras y a los hombres que las habitaban. Vivía en un mundo dominado por la cultura del esfuerzo físico.

En esa época, el pueblo estaba encerrado en sí mismo (como todos los pueblos de Alsacia) y dominado por la religión. Los hombres se conocían y se llamaban por el nombre de su familia. Nosotros éramos los «Metz». La vida cabía en un pañuelo que abarcaba el espacio entre el bar, la escuela, la iglesia, el ayuntamiento, los comercios y el campo de fútbol que se encontraba a dos kilómetros de la estación y al que nunca iba nadie. ¿Por qué salir de aquella isla, de aquel mundo en el que todos se ayudaban entre sí? Alrededor del pueblo había campos en los que yo pasaba el rato, los fines de semana y las vacaciones escolares. Ahí aprendí a labrar, a tirar de las vacas del mismo modo que mis abuelos y los amigos de mis padres. Era un mundo de campesinos en el que se respetaba y se admiraba la fuerza física. Los hombres que conocía labraban la tierra, vivían de ella, y a mí me encantaban. Sin duda, llevaban una vida muy austera. Sobrevivían principalmente del cultivo del tabaco, del trigo, del centeno, de la remolacha y de las patatas. Era una agricultura sin tractor —no hubo ninguno en el pueblo hasta que cumplí catorce años, en 1963— que dependía solo de la fuerza de los hombres y los caballos. Mis abuelos paternos tenían un caballo. Tener dos era símbolo de abundancia.

Eran hombres duros, parcos en palabras, iban a misa el domingo por la mañana y al bar de mis padres en cuanto podían. A los chicos, cuando cumplían catorce años, les daban un cigarrillo y un reloj de pulsera. Esa era la edad en que, según ellos, se hacían hombres: podían dejar la escuela para trabajar en una fábrica o faenar a diario en los campos. El pueblo era su único horizonte. Allí se establecían sus amistades, sus amores; allí trabajaban, allí crecían sus hijos.

En ese mundo cerrado, nosotros éramos niños libres. Nunca teníamos miedo, confiábamos unos en otros. Nuestras gamberradas y nuestros errores se transmitían de boca en boca y se castigaban de inmediato. La religión nos daba una idea precisa del derecho, de la moral y de la verdad. Los niños del pueblo estábamos siempre juntos, crecimos en la calle y en los campos, pero nuestros sueños eran distintos.

Mi padre era uno de los hombres del pueblo: una persona racional, arraigada, trabajadora, tenaz y religiosa. Era profundamente bueno y comprensivo. Me trazó un camino lleno de unos valores que me han dado una fuerza notable ante las peores pruebas y traiciones. Fue uno de los muchos «*malgré nous*», personas que se vieron forzadas a luchar con el bando alemán contra su propio país. No nos contó nada de la guerra, pero siempre he admirado su valor y su pudor. He sabido de las terribles pruebas que ha tenido que superar. Yo nací después de la guerra, el 22 de octubre de 1949. Mi infancia estuvo impregnada, como la de los demás niños de la región, por el clima de posguerra y la tragedia vivida por todas nuestras familias.

Mi padre había trabajado en Bugatti de los catorce a los diecisiete años; luego en el bar con mi madre y, más tarde, fundó una empresa de piezas de repuesto. Nunca se tomaba un día libre, jamás una semana de vacaciones. Su jornada empezaba a las siete en el bar, después se iba a la empresa; cuando volvía, sobre las ocho de la tarde, seguía trabajando en el bar. Allí tenían lugar las reuniones del club de fútbol. Allí se colgaban los resultados del equipo y sus siguientes partidos. Cada miércoles por la noche, el comité del club de fútbol, fundado en 1923, reunía al equipo en el bar para preparar el partido del domingo. Mi padre, que siempre nos veía jugar, sentía nuestra pasión y creía que no éramos malos. Él había formado el equipo de jóvenes en el que mi hermano y yo empezamos a jugar.

Sin duda, a mi padre le gustaba el fútbol, aunque no lo dijera. Le parecía una forma de ocio que animaba al pueblo: combates hermosos, una distracción. Pero para él no era lo mismo que para los demás hombres del pueblo, para quienes era un sueño permanente, una pasión que lo ocupaba todo. Por eso, mi madre y él no querían que me hiciera jugador. Era algo inimaginable. Mi hermano tampoco. Tenía talento, jugaba en el medio campo o de defensa central. Lo tenía todo y, sin embargo, le faltaba algo, como una llave, un clic, un punto de fe. Para ellos, el fútbol no era más que ocio. Y se acabó. No era una profesión. Una profesión es algo más serio, le permite a uno ganarse la vida. Y eso no sucede con el fútbol.

Durante años, reinó un ambiente de trabajo duro del que disfrutábamos y al que ambos nos entregamos por completo.

De pequeño, yo era extremadamente libre y solía estar muy solo. Mi madre me decía con frecuencia: «Te dejábamos en la habitación y no nos ocupábamos de ti». ¿Vendrá de ahí mi independencia? Crecí entre la escuela, los campos y la iglesia. En cuanto tenía ocasión, jugaba al fútbol callejero en los patios y los jardines. Así aprendí mucho. Jugaba con los demás niños, como mi hermano mayor, como debieron de jugar los hombres de mi pueblo, según contaban mis tíos maternos. Poco a poco, el fútbol ocupó todos mis pensamientos y se transformó en una obsesión.

Casi es mi primer recuerdo: ver jugar a nuestro equipo. Yo estaba algo apartado, observando con fe y pasión. Tenía el misal conmigo y estaba rezando por la victoria. Tendría cinco o seis años. ¿Sabía acaso, a pesar de mi juventud, que no éramos buenos y que necesitábamos un milagro —la ayuda de Dios, el apoyo de mi fe— para ganar? ¿Sabía acaso, a pesar de mi juventud y de los sueños inverosímiles, que el fútbol sería mi única religión, que mi única esperanza sería un partido ganado, victorioso, brillante, hermoso? ¿Acaso sentía ya esa voracidad por ganar? Años más tarde, para alcanzar la victoria reemplacé el misal por buenos jugadores y por una buena preparación: puse la razón por encima de la fe.

Tengo otro recuerdo que ilustra bien esta sed de victoria. A menudo, pasaba las horas en los campos con un agricultor que me dejaba trabajar con él o que descansaba mientras yo le echaba una mano. Se llamaba Adolphe Kocher. Hablábamos de fútbol, comentábamos los decepcionantes resultados del equipo y revivíamos los partidos. Cierto día insinuó que él era un jugador excelente y que con su participación el equipo destacaría, que por fin ganaríamos. «Ya verás, chaval, voy a jugar en el próximo partido.» Durante días, esperé el siguiente encuentro: me imaginaba su forma de jugar, soñaba con los goles que marcaría. Pero me había mentido: no jugó. Todo se desvaneció. Yo era el muchacho que quería ganar a toda costa, no pensaba más que en ser el primero, en la victoria.

El bar de mis padres era como el corazón palpitante del pueblo. Se parecía a un montón de bares alsacianos: abierto a diario, con una estufa en medio, una veintena de mesas llenas de hombres que bebían una cerveza tras otra, fumaban *gauloises* sin filtro y hablaban todo el tiempo de fútbol, de su equipo, del equipo vecino, del equipo al que se enfrentarían pronto o del equipo que tanto admiraban, el Racing de Estrasburgo, que les apasionaba, les hacía fumar más, beber más y, con frecuencia, gritar, pelear y caer.

El bar, llamado La Croix d'Or, fue mi escuela. Escuchaba las conversaciones, me fijaba en el hombre que hablaba más alto, el que mentía, el pretencioso y el discreto. Reparaba en sus pronósticos, sus enfados y sus análisis. Lo importante eran los actos, no las palabras. ¿Era aquel lugar una escuela de observación del individuo y de la vida en grupo? Sin duda. Recuerdo sobre todo a aquellos hombres que hablaban mientras mi padre guardaba silencio. De pequeño correteaba por la sala del bar, y entre los diez y los once años acabé trabajando de camarero. Siempre escuchaba, observaba, intentaba aprender. Si he querido a los jugadores, a los entrenadores, a todos los aficionados, si los he escuchado y he averiguado qué clase de personas eran, se lo debo a los clientes de aquel bar, a los hombres de mi pueblo. De ellos he retenido el fervor, aunque he descartado el exceso: el alcohol, las disputas, la violencia, todo aquello que asustaba y disgustaba al niño que fui. Me resultaba difícil ver a personas a las que admiraba, a los clientes de mi padre, beber tanto y ponerse violentos en ciertas ocasiones. Había que contenerlos. Era impresionante. Eso me ha dado mucha fuerza y me ha dotado de cierto instinto.

Cuando salía de esa sala llena de humo, subía un piso para ir al apartamento donde vivíamos. Éramos una familia, aunque yo entonces no entendiera el significado de esa palabra. Mis padres trabajaban de sol a sol, los dos en el bar o, más bien, mi madre en el bar y mi padre en la tienda de repuestos para coches que había abierto en Estrasburgo. Llevaban trabajando desde los catorce años. Mi madre se había quedado huérfana muy pronto. Ambos fueron un ejemplo de valor y tenacidad. Eran personas fuertes que no se quejaban. No comíamos juntos y hablábamos poco. Mi hermana tenía diez años más que yo, y mi hermano me sacaba cinco. Yo era el pequeño, ese niño al que había que proteger. Sin embargo, también era el que se las apañaba solo, el que observaba, imitaba y quería crecer más rápido.

Para mí, los pisos de nuestra casa eran un puesto de observación ideal: invisible y oculto, me fijaba en las faltas y en los excesos de los mayores, y tomaba nota de lo mejor de ellos: sus experiencias, sus pasiones, su sacrificio. Comprendía el valor de sus vidas, sencillas, modestas y claras. Eran vidas de hombres con sueños limitados por el territorio que habitaban, un lugar que jamás podrían abandonar. Pero yo sentía curiosidad. Sin duda, era el más impaciente por descubrir otros pueblos y otras regiones. Presentía que el modo de vida de los hombres que me rodeaban (sus hábitos y su fe, tan de los años sesenta) iba a desaparecer. Tenía ganas de escapar. Y me parecía bien cargar con el peso de la culpa que provocaría tal abandono. Aquel era mi mundo, y estoy seguro de que mis padres, mi hermano y mi hermana sufrieron por mi alejamiento, por esa pasión que se lo llevaba todo. Nunca me lo llegaron a decir. Eran de pocos cumplidos, no hablaban de sus penas ni soltaban sus reproches. Imagino que para mi hermano fue particularmente difícil. No obstante, nos mantuvimos cerca. Cuando yo estaba en el Arsenal, él veía todos los partidos y me reñía cual hermano mayor cuando creía que había cometido un error.

En el pueblo no había gran cosa. A veces me pregunto si mi pasión no habrá sido fruto de esa frustración, de ese mundo pequeño, de la parquedad de las palabras, de los partidos que nuestro equipo perdía, del terreno de juego (tan diferente a los campos de fútbol de verdad, como el del Estrasburgo, al que me llevaba uno de mis tíos una vez al año), de las lágrimas que vertía cada vez que salíamos derrotados. Eso me hace pensar en los muchos futbolistas que he conocido que habían sido expulsados del sistema y que convirtieron el fútbol en un sueño imposible gracias al cual lograron regresar por la puerta grande: Giroud, Koscielny, Kanté, Ribéry, etc.

Pienso en mi infancia y tengo recuerdos muy precisos.

Jugábamos en la calle.

Jugábamos sin camiseta, sin entrenador y sin árbitro. Jugar sin camiseta era estupendo, porque nos obligaba a levantar la cabeza, a desarrollar la visión periférica y a adquirir una visión profunda. No tener entrenador cuando éramos jóvenes también era muy bueno, porque nos hacía tomar la iniciativa. ¿No habremos caído en todo lo contrario hoy en día?

Formábamos equipos al azar o por voluntad de los dos capitanes de turno, que a menudo eran los dos mejores jugadores.

Yo jugaba con los niños de mi edad, que siguen siendo grandes amigos, como Joseph Metz, los Burel, los Geistel y Hugues Chales. Nos parecíamos, teníamos la misma educación y compartíamos los mismos códigos. Pero también jugaba con los mayores, los de la edad de mi hermano (o incluso de más años). Cuando se juega con niños mayores, hay que ser valiente, astuto y no tener miedo. Gracias a todos ellos, pronto supe que podía apañármelas y hacer que me aceptaran.

Sabíamos instintivamente quién era bueno, quién jugaba bien y con quién se podía contar.

Jugábamos para divertirnos, y eso importaba tanto como la victoria.

Los partidos solían terminar con insultos o peleas. Como no teníamos suplentes, si alguien se lesionaba, lo poníamos de lateral izquierdo. Había que aguantar y apretar los dientes.

Mi hermano y yo entrenábamos todo el tiempo: en nuestro cuarto, en la calle frente a casa, en el jardín que había detrás del bar. Sin embargo, no hablábamos. Él me consideraba un enano. La única forma de estar con él era jugar, pero jugar bien.

Íbamos andando hasta el lugar que usábamos de estadio; cuando nos enfrentábamos a un equipo de otro pueblo, íbamos a pie a su campo. Aquello era como llegar a otro mundo.

Era un fútbol de pequeños *amateurs*; un fútbol magnífico, siempre libre, jovial y apasionado. A veces, interrumpíamos los partidos porque alguno de nosotros desertaba para hacer los deberes, comer o hacer de monaguillo, y eso me enfurecía. Era una escuela de ingenio, tenacidad, pasión y esfuerzo físico. Le debo muchísimo.

Así pues, cuando organizábamos un torneo de fin de temporada en el pueblo entre los cuatro equipos, el sacerdote bendecía a todos los implicados, los jugadores se cambiaban en el bar de mis padres y luego desfilaban. Era nuestra Copa del Mundo. Después he experimentado grandes alegrías, pero aquella permanecerá indeleble en mi memoria.

Recuerdo una historia que me contó un jugador serbio al que admiraba mucho. Debía de vivir en un pueblo como el mío, pero todavía más pobre, lejos de todo, perdido en el campo yugoslavo. Cuando era pequeño, su tío le regaló un balón nuevo, completamente blanco, magnífico. Por miedo a estropearlo, su hermano y él decidieron que nunca debía tocar el suelo y que solo lo usarían para dar toques de cabeza. Únicamente tenía un balón y había que cuidarlo: debía durar. Durante un partido, un entrenador del Estrella Roja de Belgrado se fijó en él. Lo fichó gracias a las cualidades que había desarrollado por aquel hábito. ¿En qué jugador se habría convertido de haber tenido veinte balones a su disposición?

De esta historia me gusta todo: la idea de no deteriorar aquel regalo tan preciado, de no parar de jugar con él, de ser perseverante y de no dejar de entrenar. Para mí el balón blanco también era sagrado. De hecho, siempre lo será.

Yo vengo de ese fútbol. Si hubiera tenido unos padres apasionados que me animaran siempre, si hubiera estado desde los cinco años en esas escuelas con entrenador y consignas, si hubiera leído todos los manuales, si hubiera visto todos los partidos posibles en televisión, ¿en qué jugador o en qué entrenador me habría convertido? Yo no veía más partidos porque no teníamos televisor. A veces, los ponían en la escuela. Cada niño aportaba un franco; entonces, veíamos un partido en una pantalla en blanco y negro. Creo que fue allí, en la escuela, donde, a los once años, vi la final de la Copa de Europa de 1960. El Real Madrid se impuso 7-3 al Eintracht de Fráncfort. En esa época, el Racing Club de Estrasburgo era el equipo de mi corazón, junto con un equipo alemán, el Mönchengladbach. Pero me encantaba el Real Madrid. Me parecía el más fuerte, el más hermoso y el más impresionante de todos los clubes. Los jugadores iban todos de blanco, magníficos. Ganaron cinco veces seguidas la Copa de Europa. Tenían futbolistas a los que admiraba, como Kopa y Di Stéfano. Era realmente un club de ensueño. Años después, cuando ya era entrenador del Arsenal, me propusieron en dos ocasiones que entrenara al Real Madrid. Es durísimo rechazar al club de la infancia. Pero tenía una misión en el Arsenal, debía respetar el contrato y había dado mi palabra. Por cierto, sin duda, soy el entrenador que más veces ha dicho que no: al PSG, a la Juve, a la selección de Francia y a la de Japón. Y fue difícil en cada ocasión, pero hay que respetar un compromiso. Es algo que aprendí en mi infancia. De eso estoy seguro.

El fútbol era un mundo lejano, inaccesible, y nadie a mi alrededor pensaba que pudiera llegar a ser mi mundo, mi vida. En lo más oculto de mi corazón, siempre esperé que el fútbol ocupara un lugar fundamental, porque, sin ese sueño, sería infeliz. Estaba seguro de ello. Al contrario que los demás, quería salir de mi pueblo, pisar césped de verdad y batirme en verdaderos combates.

Eran años de esperanzas y descubrimientos.

Cuando hablo con jugadores que vienen de lugares lejanos, sobre todo de África, veo la importancia capital de su infancia, del lugar donde han crecido, de la forma en que el espacio ha moldeado sus cuerpos y sus personalidades. Alsacia y esa infancia me proporcionaron códigos, ética y resistencia. Del mismo modo que me moldearon físicamente. Quedan huellas: por ejemplo, tengo un hueco en la parte superior de la columna que, según ciertos médicos, me iba a dejar en una silla de ruedas a los cuarenta. Pensamos que quizá fuera por cargar con sacos de carbón muy pesados. El hueco sigue ahí, pero no entorpeció mis carreras como jugador y todavía sigo en pie.

Por supuesto, para ser un buen jugador de fútbol, la técnica es importante. Y la técnica se adquiere pronto, entre los siete y los doce años. Pero no lo es todo: no tener miedo, saber tomar la iniciativa, ser resistente, constante, solidario, estar un poco loco, poseer una pasión imparable... Estoy seguro de que todo esto también se adquiere a una edad temprana.

De niño ya tenía una gran sed de conocimiento, y quería enfrentarme a mis límites y superarlos. Y el fútbol era el instrumento de superación. No quería ser víctima de mis problemas físicos o psicológicos, quería entenderlos y superarlos. Como venía del pueblo y solo hablaba alsaciano, no entendía gran cosa de la escuela y no me esforzaba en absoluto. Mis padres estaban muy ocupados, por lo que yo era muy libre; en la escuela, me comportaba como un «turista». Por suerte, a los quince años tomé conciencia de mi situación y me puse al día por mí mismo en todas las asignaturas. Comprendí que podía ser bueno si me esforzaba. Completé el bachillerato y después me licencié en Economía en la Universidad de Estrasburgo. Lo que estudiaba me permitió entender mejor la vida de los clubes, comprender cómo funcionaba su presupuesto, sus inversiones y la compra de jugadores. Y después, a los veintinueve años, me fui a Cambridge a mejorar mi inglés. Estaba seguro de que me serviría para el fútbol.

A los catorce años, la famosa edad en la que los varones del pueblo nos convertíamos en hombres, cuando íbamos a la fábrica o a los campos y recibíamos un reloj de pulsera y un cigarrillo, todo cambió. No fui a la fábrica, pero sí recibí un reloj. Fumé mucho más tarde, en Cannes, con mi amigo Jean Marc Guillou, cuando por la noche discutíamos durante horas sobre fútbol. Mis padres vendieron el bar. Mi madre dejó de trabajar y mi padre se dedicó de lleno a la empresa que había fundado.

Nos mudamos a una casa que mi padre había construido en el pueblo. Lo que perdura en mí es el fútbol en el equipo juvenil de Duttlenheim y el recuerdo del bar, de los años en que vivimos allí, de las lecciones aprendidas, de las reuniones del club; imágenes que viven todavía.

2

El joven que jugaba al fútbol

En los años sesenta, mi hermano Guy y yo jugábamos en el equipo de fútbol de Duttlenheim. Quizá fuéramos buenos, pero a mí me parecía que todo estaba por hacer y demostrar. El club nos decía que teníamos talento, que estábamos entre los mejores del pueblo, pero eso no significaba gran cosa. Nuestro club jugaba en el nivel más bajo del departamento y solíamos perder. No obstante, nos organizábamos y poníamos toda la pasión que podíamos. Así logramos grandes victorias. Nos entendíamos bien entre nosotros. Sin embargo, también tuvimos grandes broncas; era una escuela de ingenio en la que teníamos que llevar la iniciativa, pues no teníamos entrenador.

Jugábamos de blanco y rojo. El azar quiso que precisamente esos fueran los colores de los equipos que entrenaría más adelante.

No entrenábamos. Jugábamos un partidillo anárquico los miércoles, como preparación para el encuentro del domingo. Había un comité que decidía la alineación para cada partido. Poco más. Al pueblo acababa de llegar la instalación eléctrica, lo que nos permitía entrenar hasta tarde. En los años siguientes, descubrí otros clubes, otras divisiones, equipos mejor preparados y mejor entrenados, y comprendí las fuerzas y las flaquezas que durante aquellos años me proporcionó el Duttlenheim. El mayor déficit que arrastré fue la escasa preparación física. Los chicos del pueblo (a excepción de uno o dos que venían de otros lugares, ya que el club del pueblo se estaba abriendo poco a poco) jamás nos habíamos preparado físicamente, ni una carrera.

Creo que compensaba esa carencia de preparación, seriedad y dirección con perseverancia y una gran pasión. Jugaba para ganar, y no solo para divertirme. Tampoco lo hacía porque el fútbol fuera la única distracción que podía tenerse en el pueblo ni porque yo fuera muy bueno con el balón. Recuerdo que nadie me enseñó a bailar: aprendíamos invitando a una chica, lanzándonos y olvidándonos del miedo. Lo mismo que nadar. Tampoco había profesores de natación, como hoy en día: te tiraban al agua y había que apañarse.

En los partidos de los domingos, tenía la impresión de que me jugaba la vida. Estaba tenso antes y después de ellos; además tenía muy mal perder. Eso sí: durante la contienda, me liberaba. Disfrutaba de una energía excepcional y fui descubriendo poco a poco que me encantaba esa tensión extrema de antes de cada encuentro. Me entusiasmaban los noventa minutos del partido. El juego, la burbuja del encuentro me absorbía por completo, y no había nada que pudiera distraerme. A veces, por ejemplo, se ponía a llover y yo no me daba cuenta hasta después del partido, cuando volvía empapado al vestuario. Me gustaba el esfuerzo; me gustaba enfrentarme a él y al dolor: sufrir, pasarlo mal, correr más rápido, todo el tiempo. Aquello era parte del juego, del arte, e incluso en el Duttlenheim, buscaba competir conmigo mismo. Es algo que me ha servido al enfrentarme a pruebas en otros equipos y para corregir mis errores técnicos. Por ejemplo, recibir el balón o dar un primer toque menos fino de lo que me hubiera gustado, o también mi insuficiente fuerza física. Pero lo más importante estaba fuera. Eso lo entendí desde mis primeros pasos en nuestro modesto equipo. Me encantaba jugar, expresarme en el terreno de juego, superarme, agotarme. Me encantaban los duelos, el uno contra uno. Era tenaz y resistente. No tardé en darme cuenta de que sabía analizar el juego tácticamente.

Durante aquellos años, con esos jugadores que en algunos casos siguen siendo compañeros, conseguimos victorias que fueron el orgullo del pueblo.

Sin embargo, no fue una victoria, sino una derrota, lo que cambiaría mi vida. Y fue aplastante: 7-1.

Jugaba en el medio campo con el equipo de Duttlenheim contra el AS Mutzig, entrenado por Max Hild. El AS Mutzig estaba en otra dimensión respecto al Duttlenheim. Tenía entrenador, un equipo que había evolucionado para entrar en la liga de fútbol *ama-*

teur, con cierta preparación y una seriedad de la que carecíamos. Nosotros estábamos en la tercera división departamental, y ellos en tercera división nacional.

El partido fue una catástrofe. Me sentía furioso conmigo mismo, decepcionado. Conocía a algunos jugadores del equipo contrario; en concreto, al también centrocampista Jean-Marie Duton que sigue siendo mi amigo y que me contó la siguiente historia. Max Hild entró en el vestuario, les felicitó por la victoria y luego añadió: «Pero hoy sobre todo he visto un gran jugador, un centrocampista extraordinario». Jean-Marie Duton se levantó, pensando que el elogio era para él. Pero hablaba de mí, el centrocampista rival al que habían derrotado. Jean-Marie siempre ha estado un poco molesto por eso, aunque aquello nunca afectó a nuestra gran amistad. Solía bromear diciendo que, como venganza, se había casado con mi primera novia.

En aquella época, el fútbol también era eso: equipos que se enfrentaban, respeto mutuo, amistad de por vida.

Después de aquel encuentro, todo cambió. Entré en el AS Mutzig en 1969 y descubrí por fin lo que era el entrenamiento: una nueva dimensión, un nuevo reto, un nuevo desafío. Y sobre todo un entrenador que para mí ha sido como un padre en el fútbol y un modelo.

Max Hild nació en 1932. Era un alsaciano crecido y forjado en la región. Y un gran enamorado del fútbol. Empezó jugando en el Weyersheim, el equipo del lugar donde nació. Después fue al gran Racing de Estrasburgo, en primera división. También había jugado en el Bischwiller, el Wittisheim y el Mutzig, donde se convirtió en entrenador. Se había formado sobre la marcha. Era un buen jugador, un mediocentro que llevaba el seis a la espalda. Pero fue en el Mutzig, en ese club patrocinado por la cervecería Wagner, donde se hizo entrenador, en 1966, y se reveló como estratega: Max amaba el juego, veía el fútbol más que bien y tenía un gusto único para localizar talentos y hacerlos progresar.

Era un hombrecillo de un metro sesenta y siete, con un fuerte acento alsaciano; su sencillez, indulgencia, curiosidad y entusiasmo por el fútbol despertaron y desarrollaron la pasión que latía en mi interior. Sintió mi impaciencia, mi sed de progresar, de juego, de aprendizaje. Y me dio aquella oportunidad única de jugar. No era muy hablador. Jamás me confesó, por ejemplo, por qué se había fijado en mí, por qué me había elegido después de aquel partido. Su respuesta, sus cumplidos y sus palabras de ánimo tomaban forma en el juego.

Me convertí en un buen jugador gracias a Max y a lo que bullía en mi interior. Asimismo, creo que también tengo que agradecerle a él haberme convertido en entrenador. Después del Mutzig, fui a jugar al Mulhouse, al Vauban y, sobre todo, al Racing de Estrasburgo. Conocí a entrenadores estupendos, como Paul Frantz, que trabajaba en Mulhouse, o Gilbert Gress, que estaba en Estrasburgo antes que Max Hild y que había sido campeón de Francia. Todos eran unos locos de este deporte, encarnaciones del fútbol alsaciano, con rigor, sentido de autosuperación y muchas ganas. Además, todos se conocían y se apreciaban. Paul Frantz había tenido a Gilbert Gress de jugador en el Estrasburgo; Max Hild había jugado contra Gilbert Gress en la liga *amateur*; Gilbert Gress había hecho venir a Max Hild para ser entrenador en la cantera del Estrasburgo, y Max me había llevado con él. Me encantan esa solidaridad y ese modo en que se cruzan los caminos. En aquella época, la fidelidad y la amistad eran muy importantes. Así pues, después del Mutzig, acompañé a Max a todas partes. Cuando él me llamaba para que lo siguiera, yo lo hacía. Es él quien más me ha marcado e influido. Murió en 2014. Algunos jugadores de la época y yo fuimos a su tumba para demostrarle, en silencio, lo mucho que le debíamos.

Max Hild había logrado reunir en el Mutzig a un buen grupo y crear una atmósfera única. Esa ósmosis, esa amistad entre los jugadores y el entrenador, ha perdurado. Jugábamos juntos, entrenábamos, comíamos, hablábamos juntos de fútbol. Estábamos casi siempre juntos y con él aprendí mucho. Sin embargo, al principio nada fue fácil.

Tuve que adaptarme a un ritmo completamente nuevo. De repente, entrenaba dos veces a la semana, cosa que, por la falta de costumbre, me dejaba reventado. Cuando llegaba el sábado, estaba derrengado.

Albergaba muchísimas dudas. No estaba seguro de dar la talla. En el entrenamiento, los demás jugadores me ponían a prueba. Me hacían la zancadilla para ver cómo reaccionaba, para ver si me tiraba al suelo, si me indignaba, si me venía abajo. Ahí aprendí que en un vestuario tienes que ser capaz de decirles enérgicamente a los demás jugadores: «Tenéis que contar conmigo». Aprendí a imponerme. A luchar.

También aprendí a transformar la duda en seguridad. No quería que el miedo —el miedo al juicio de otros y a las consecuencias— me paralizara en el campo y me impidiera avanzar.

En este aspecto, el papel de Max fue clave. En el Mutzig, al principio, pasé desapercibido, no encontraba mi lugar. Pero Max supo insistir. Me mantuvo en el equipo. Me hizo jugar. Fue toda una lección: hay que dejar tiempo a los jugadores. Hoy en día, es un defecto común; los futbolistas están mejor preparados, pero tienen menos tiempo.

En cada nuevo equipo, tuve que reaprender, volver a ponerme a prueba, superar mis carencias. Sin embargo, en esa época, mi carácter era tempestuoso. Comprendí rápido, en el Mutzig, en el Mulhouse, en el Vauban y en el Estrasburgo, en todos los clubes en los que jugué y después en cada uno a los que entrené, que la vida es un recorrido jalonado de sufrimientos que nos hace progresar con nuestros miedos y nuestras vivencias interiores.

Después del Mutzig, me ficharon para el FC Mulhouse, en 1973. Allí conocí a Paul Frantz. Al igual que en el Mutzig, los inicios fueron difíciles. El primer año fue el más duro. Me costaba encontrar mi estilo y me lesioné. Había perdido la confianza. El éxito y el entorno del que había disfrutado en el Mutzig se habían evaporado. Pero en la segunda temporada todo cambió. Durante ese tiempo seguí entrenando, progresando con tesón. Dio resultado. Tanto fue así que, cuando el club atravesaba dificultades financieras, los jugadores me eligieron, junto con otros dos, para negociar los sueldos y las primas con el presidente. No me lo hubiera podido imaginar. Creo que fue la primera vez que negociaba y hablaba de dinero procurando defender los intereses del club y los de los jugadores al mismo tiempo. Llegamos a un acuerdo. Recibiríamos el cincuenta por ciento de nuestro salario durante la temporada, y el resto en caso de que permaneciéramos en el equipo. Pensé que habíamos alcanzado un acuerdo aceptable para todos, justo y equilibrado. Sin embargo, después descubrí que había jugadores insolidarios que habían negociado sus casos personales con el presidente y que habían seguido cobrando su salario completo. Por mi parte, como al final de la temporada me fui al AS Vauban siguiendo los pasos de Max Hild, nunca recibí la mitad del sueldo que me correspondía.

Así pues, puedo decir que Mulhouse fue una excelente escuela que me preparó para mi futura carrera: me gustaba negociar, pensar en el grupo, actuar de puente entre jugadores y dirigentes; me gustaban los sacrificios, la sensación de que nos ganábamos de verdad el sueldo. Pero también me iba a topar con mentiras, traiciones y golpes bajos.

Tras varias temporadas en Vauban, y siempre gracias a Max Hild, me convertí en jugador del Racing Club de Estrasburgo, en 1978. El sueño se cumplía.

Era el club que nos fascinaba de niños... y que nos parecía inaccesible. Quise darlo todo por él. Era el primero que llegaba al entrenamiento y, de haber sido necesario, me habría entrenado cuatro veces a la semana. Me pasaba la vida en el estadio. No contaba las horas que le dedicaba. En esa época, viví en la Rue de Rome, a diez minutos del club. Pero no tenía la sensación de hacer un gran sacrificio. Me parecía lo lógico: estaba donde quería estar.

En Estrasburgo fui al mismo tiempo jugador, responsable de la cantera y líder del equipo juvenil. Empecé a compartir mi vida de jugador y la de joven entrenador gracias a Max Hild. Charlábamos largo y tendido. Íbamos juntos a ver todos los partidos, sobre todo los de Alemania. No nos perdíamos nada, desde el calentamiento hasta el final del encuentro. A veces volvíamos de esos viajes a las cuatro o a las cinco de la madrugada, pero resultaba de lo más formativo. Creo que él fue el primero en sentir que acabaría siendo entrenador. Me ofreció un puesto de técnico en la cantera. Cuando lo destituyeron del primer equipo y tuvo la oportunidad de retomar el lugar que en ese momento ocupaba yo, no quiso. «Ahora te toca a ti», dijo.

En la cantera hacía de todo, cosa que me encantaba. Fui aprendiendo sobre la marcha. Daba masajes a los jugadores, les ponía las espinilleras, hablaba con los padres y organizaba los desplazamientos. Iba a ver todos los entrenamientos que podía para aprender. Leía libros de técnicas para adquirir los fundamentos. Quería hacerme con el saber que aún me faltaba, antes de estudiar en el CREPS, el Centro de Recursos y de Rendimiento Deportivo, y antes de recibir formación en el Instituto Nacional de Fútbol de Vichy.

Para mí, Estrasburgo fue un laboratorio de todo lo que iba a hacer después como entrenador. Tuve la suerte de que confiaran en mí y de que, en cierto modo, me dieran carta blanca en el centro de formación. Quería buscar y hallar nuevos métodos para cubrir las necesidades de los jugadores. En esa época, seguía albergando dudas. Apenas tenía treinta años y ya estaba entrenando a jóvenes de dieciocho y diecinueve. ¿Qué podía enseñarles yo? Por ellos, había que atreverse a todo. Por ejemplo, hice venir por primera vez a un psicólogo al club. Se reunía con los jugadores individualmente todas las semanas para ayudarlos a evaluarse a sí mismos y a afrontar sus miedos. Fue algo novedoso. De hecho, no creo que aún hoy lo hagan muchos equipos.

También fue en el Estrasburgo donde empecé a trabajar en la mentalidad de los jugadores. La exigencia del rendimiento genera mucha presión, y el buen jugador ha de ser capaz de realizar un análisis lúcido del juego para elegir la solución óptima.

En mi carrera como entrenador ha habido muchos hombres esenciales.

En el nivel regional estaban los consejeros técnicos Jacky y Pierrot Demut, que me proporcionaron una educación de base. Con Pierrot mantuve conversaciones largas y animadas en el CREPS de Estrasburgo.

También estaba Petrescu, un investigador rumano convertido en técnico deportivo que vino al CREPS a dar una conferencia sobre el oficio de entrenador. Gracias a él, mi comprensión del aprendizaje y del entrenamiento progresó. Petrescu contaba con veinte años de experiencia. Ya trabajaba en ejercicios para mejorar la memoria a corto y largo plazo, y comprendía perfectamente el aprendizaje del jugador.

En el nivel nacional, estaba Georges Boulogne, que lo hacía todo por los entrenadores. Creó la formación y el estatus de educador, y se enfrentó a los presidentes para imponer los centros de formación para jóvenes. Había sido entrenador de la selección francesa. Conocía el oficio. También sabía hasta qué punto era un oficio solitario y, a veces, ingrato. En esa época se podía despedir a los entrenadores de la noche a la mañana sin compensación alguna. Con él obtuve el diploma de entrenador profesional. Desde que nos conocimos, hemos mantenido una relación estrecha. Después de que perdiéramos un partido, de que nos derrotaran, solía decirme: «De vez en cuando hay que dejar sitio a los demás». Y tenía razón, aunque me costaba aceptarlo.

Dejar de ser jugador ocurrió de forma natural. Cierto día, el presidente del Estrasburgo me dijo: «Empiezas a ser demasiado viejo». Irritado, no jugué, para sorpresa de los compañeros. Observé el partido y... ¡los jugadores se superaron! Lo entendí: ya iba siendo hora de dedicarme única y exclusivamente a entrenar.

Todo ocurrió progresiva y lógicamente. Conocí a muchas personas magníficas que me ayudaron a ascender. Aproveché la oportunidad y supe decidir en cada momento.

De aquellos años, de todas esas experiencias en aquellos clubes y con aquellos entrenadores que tanto admiraba, me quedo con recuerdos maravillosos y también otros terribles.

En particular, recuerdo un partido con el Estrasburgo, el año que ganamos el campeonato francés. Un momento clave: un cara a cara del que salí derrotado. Jugábamos contra el Reims. Ante mí estaba Santamaría, un futbolista magnífico. Robó un balón aprovechando un error mío y nos marcaron un gol. Fue culpa mía. Me odié muchísimo por ello. Todavía hoy recuerdo hasta qué punto estaba furioso conmigo mismo, hasta qué punto me sentía culpable. Por supuesto, guardo en mí todos los goles marcados y cada una de las victorias, pero, de los momentos más intensos, aquel cara a cara con Santamaría sigue siendo una herida.

La culpa, la injusticia, la violencia de ciertos encuentros (era aún la época en que los árbitros hacían la vista gorda, los partidos no se retransmitían por televisión, las luces se apagaban después del encuentro y los jugadores se tendían trampas violentas) y la rabia que podíamos sentir, podían convertirse en grandes motores.

Dejando de lado tales sentimientos, que a veces eran más que duros, fue una época en la que también sentí una admiración enorme por los jugadores que conocía y con los que me codeaba. Las estrellas de la época eran Di Stéfano, Pelé, Beckenbauer y Günter Netzer. Este último era centrocampista, como yo, y una fuente de inspiración, con sus grandes acciones ofensivas y sus cambios de juego. También admiraba a Beckenbauer, que poseía una elegancia extraordinaria. Era un artista. No nos enfrentamos en el terreno de juego, pero sí cuando él ocupó durante unos meses el banquillo del Marsella y yo estaba en el Mónaco.

Cuando fui jugador del Mutzig, conocí a Guy Roux (en su etapa de entrenador) y le marqué un gol a su equipo. Aunque nuestros métodos y personalidades fueran muy diferentes, sentía un gran respeto por lo que hizo en el Auxerre y por cómo dirigió a su equipo en la Copa de Europa.

Durante aquellos años de formación, admiré a los entrenadores que respetaban al futbolista, el juego y su belleza, que querían que su equipo jugara bien y que no se fijaban solo en la debilidad de su adversario. Era el caso de Max Hild, Gilbert Gress y Johan Cruyff. Para mí, el fútbol no debe convertirse en profesión si no es para hacer soñar a la gente. Lo entendí viendo entrenar a sus equipos.

Y respetaba infinitamente a los jugadores, en particular a quienes tenían una filosofía de juego, aquellos que tenían personalidad, que no temían enfrentarse al miedo y lo afrontaban, que no tenían miedo de experimentar.

Es algo que he buscado en todos los jugadores de mis clubes.

Entender los sentimientos que animan a un futbolista, comprender su miedo o su cólera, admirar su arte cuando sirve al juego y al equipo, respetar siempre a los entrenadores, escuchar... Son cosas que aprendí y viví durante aquellos años. Fue entonces cuando me sentí preparado para dejar atrás Alsacia, a mis mentores, a mis amigos, para entrenar y buscar nuevos desafíos por mi cuenta.

3

Los primeros años como entrenador en Cannes y Nancy

El Racing Club de Estrasburgo fue mi amor de juventud. Durante un tiempo, fui entrenador de su cantera y pasaba todo el tiempo con sus futbolistas. Intentaba asistir al mayor número posible de partidos en Alsacia y Alemania. Leía todo lo que encontraba sobre las técnicas de entrenamiento. También creé, dentro de la cantera, una escuela para niños de entre cinco y siete años... Gocé de una libertad que me permitió influir en la vida del club, trabajar como quería e innovar siempre. Podría haberme quedado mucho tiempo. Mis mentores, como los dirigentes del Racing, me lo aconsejaban: seguir trabajando con tenacidad y pasión, ascender los siguientes peldaños y convertirme algún día en el entrenador del primer equipo.

Sin embargo, una parte de mí buscaba más las aventuras que la comodidad. Quería descubrir un fútbol nuevo, otros jugadores y hombres con distintos métodos de entrenamiento para seguir evolucionando.

Durante un partido en el que nos enfrentábamos al equipo de reserva del Mulhouse, me topé con Jean-Marc Guillou. Aquel encuentro resultó esencial, como cuando conocí a Max Hild o a Georges Boulogne.

Jean-Marc había sido un gran jugador del Angers y después del Niza. Era un mediocentro ofensivo sin parangón. También había jugado en la selección francesa, con la que había disputado el Mundial de Argentina. Formaba parte de esa generación de jugadores fabulosos de la que nos hemos olvidado un poco, eclipsada por sus sucesores. Fue una generación sacrificada, con unos jugadores que permanecían muchos años en un club, donde debían mostrarse resistentes y jugar muy bien para llamar la atención. Es algo sorprendente si lo miro con los ojos de hoy, cuando basta con un partido para descubrir a un jugador con talento. Tras su carrera como jugador, Jean-Marc Guillou se convirtió en entrenador del Mulhouse y consiguió que su equipo ascendiera de segunda a primera división.

Después de aquel partido en que nos enfrentamos, Jean-Marc quiso conocerme. Nos pasamos horas hablando. Fue una especie de flechazo profesional y amistoso. Jean-Marc tenía (y todavía lo conserva) un carácter fuerte y unas ideas muy precisas sobre el juego que yo admiraba y compartía. Cuando se hizo entrenador del primer equipo del AS Cannes, que por aquel entonces estaba en segunda división, me propuso ser su ayudante y entrenar al equipo juvenil.

Tomé la decisión de seguirle sin hablar de ello con nadie y sin escuchar a quienes me aconsejaban que me quedara en el Estrasburgo. Fui a Cannes a reunirme con Jean-Marc Guillou y con el presidente del club, Richard Conte, que se convertiría en un amigo. Pasamos la noche entera discutiendo y negociando el contrato; no nos pusimos de acuerdo hasta la mañana siguiente. Hoy en día, las cantidades en juego harían reír a cualquiera, pero ninguno quería dar su brazo a torcer, lo cual era normal en nosotros: éramos tres hombres con carácter, no queríamos perder, ni ceder en lo más mínimo. Estábamos dispuestos a pelear. Desde entonces formamos un gran trío, que no discute y cuyos miembros sienten un gran respeto entre sí. Y siempre avanzábamos con las mismas ideas y el mismo amor por el club.

Aquella noche de negociación permanece indeleble en mi memoria y es un recuerdo particularmente fuerte. Selló una gran amistad que nos sigue uniendo. También supuso mi marcha de Alsacia, mis primeros pasos como entrenador, mis primeras negociaciones. Solo, decidido, siguiendo mi instinto, preocupado por mostrar a los demás y a mí mismo lo que era capaz. Asimismo, estaba ansioso, pero no era una ansiedad que me paralizara.

Conservo otro recuerdo de mi marcha al AS Cannes que ejemplifica bien mi estado de ánimo ante el fútbol de aquel tiempo. Sabía que Jean-Marc buscaba un centrocampista para el Cannes. Justo antes de irme, leí en *France Football* las impresionantes estadísticas de un jugador del Orange, Lamine N'Diaye. Era el mejor goleador. Lo llamé antes de meterme en el coche rumbo a Cannes. Recuerdo casi palabra por palabra nuestra conversación y lo que le propuse: una reunión con varios amigos suyos al día siguiente en un aparcamiento cercano a una salida de la autopista de Orange.

«Lleva las botas. Vamos a echar un partidillo.» Al día siguiente, allí estaba. Jugamos un cuatro contra cuatro, luego uno contra uno, y enseguida supe que era un jugador magnífico y con mucho potencial. Jean-Marc Guillou, que había venido conmigo y lo observaba todo, compartía mi entusiasmo. Al día siguiente lo llevamos a Cannes para que firmara su primer contrato profesional. Fue el primer jugador que fiché para el equipo y con el tiempo se ha convertido en un buen amigo. Jugó mucho tiempo en primera división, primero en el Cannes, luego en el Mulhouse. Después se hizo entrenador del Coton-Sport de Garoua, luego de la selección de Senegal y, en la actualidad, del TP Mazembe. Pero creo que ambos nos acordamos de aquel primer partidillo en el aparcamiento de Orange. ¿Alguien se imagina un fichaje así hoy en día?

Aunque solo pasé un año en el AS Cannes como entrenador adjunto y técnico del equipo juvenil, fue una temporada determinante.

Era un desafío de envergadura. En cierto modo, tenía la impresión de que al irme del Estrasburgo al Cannes abandonaba un Rolls-Royce por un Citroën 2 CV. Era como si aceptara bajar de nivel, pero también resultaba emocionante, porque estábamos empezando algo y la sinergia entre Jean-Marc, Richard y yo era perfecta. El AS Cannes era un club al que le faltaba trabajo: estaba en segunda división y no tenía una estructura profesional. Junto con Richard Conte y Marc Guillou, lo teníamos todo por hacer: crear el equipo juvenil, fichar a jóvenes, hacer pruebas, reestructurar el equipo, pensar en los entrenamientos, invertir las veinticuatro horas del día. Suponía muchísimo trabajo, y creo que por eso me gustó tanto: fue un año intenso y formativo.

Las primeras semanas en aquella ciudad del sur no resultaron fáciles; solo conocía a Jean-Marc y a Richard Conte, y mis amigos y mi familia estaban en Estrasburgo. Irme de Alsacia supuso un desgarro. Estaba muy aislado. Me mudé a un apartamento en el que vivía como un asceta. Solo había una cama, un sofá y un televisor con el que por las noches podía ver una y otra vez los partidos que previamente grababa. Pero vivir en aquella soledad me ayudó a entender las emociones de un jugador que llega a un club y a una ciudad que no conoce. Con eso *in mente,* siempre he dejado al futbolista un margen de al menos seis meses para que se ubique, para que se sienta en casa y pueda concentrarse en el juego.

Llevar aquella vida aislada, solitaria y sin referencias fue revelador. Comprendí que podía vivir solo y donde quisiera con mi pasión, sin interferencia alguna, sin consuelo afectivo. Supe que las inquietudes no desaparecían, pero que podía vivir con ellas. Entendí que era un ser solitario que disfrutaba de estar con el equipo. Alguien a quien le satisfacía tanto la soledad de tener que tomar una decisión o de preparar al equipo como compartir el placer inherente al juego y la intensidad del partido.

Asimismo, tampoco fue fácil abandonar el futbol alsaciano por un fútbol con una técnica y una mentalidad muy diferentes. En Cannes, y en el sur de Francia en general, primaba el pase corto, mientras que en Alsacia se juega más en largo y al espacio. En el Cannes, el fútbol era más técnico. Y más violento. He ahí otra gran diferencia: la violencia de los contrarios, la intimidación al árbitro y al equipo adversario, que venía acompañada de una forma de impunidad y, por tanto, de un sentimiento de impotencia para el entrenador. Me acostumbré rápido, pero nunca había experimentado tal grado de tensión en Alsacia. Conllevó un gran aprendizaje: tenía que plantarles cara a los jugadores jóvenes, mostrar que no tenía miedo, que estaba dispuesto a responder. Me encantaba aquel estado de nerviosismo, aquella pasión y esa tensión.

Entre el centro juvenil y mi papel de entrenador adjunto del primer equipo, la carga de trabajo era significativa. ¡En ocasiones tenía que dirigir cuatro entrenamientos al día! Los jóvenes desde las 8:30 a las 10:00 y luego de 14:00 a 16:00, y al primer equipo de 10:15 hasta las 12:00 y de 16:00 a 18:00. En los desplazamientos, acompañaba al equipo, regresaba el domingo por la mañana, me encargaba del calentamiento en el campo de juego y a veces volvía a viajar con el equipo reserva para un partido, por ejemplo, con el Marsella. Así era mi ritmo de trabajo; un ritmo que imponía a los demás. Fue una constante de toda mi carrera: confiaban en mí, y reconozco que esa confianza era recíproca con Jean Marc Guillou. Trabajaba con mucha libertad y, a cambio, actuaba como si el club me perteneciera. Podía discutir sobre mi contrato durante horas —incluso una noche entera— sin ceder en nada, pero una vez que firmaba, lo daba todo. Y jamás he pedido renegociar un contrato a mi favor.

Estaba seguro de que me merecía el puesto y que recibiría el cariño de los jugadores si transmitía calidad y pasión a los entrenamientos, y estaba muy presente. En esa época, el esfuerzo marcaba la diferencia, no el poderío económico. El objetivo era formar un equipo que pudiera subir a primera división y construir una sección juvenil de calidad. Ese era el objetivo común: del presidente, del entrenador y de los jugadores. Reinaba un clima de trabajo apasionado y una cálida atmósfera familiar. Había un formidable espíritu de equipo, una gran unión, una mezcla de motivación y alegría, algo que siempre he buscado y que solo a veces he encontrado en los clubes en los que he trabajado. Al acabar los partidos, nos íbamos a comer. Al día siguiente, desayunábamos juntos y hablábamos de todo lo ocurrido.

El grupo de futbolistas que habíamos reunido y formado era entusiasta y maduro. No solo eran jóvenes, sino que también contaban con una voluntad de hierro: querían triunfar. En el centro del campo teníamos a Lamine N'Diaye, pero también a Jean Fernández, Gilles Rampillon e Yves Bertucci; en la delantera, a Patrick Revelli y Bernard Castellani; y en la defensa, a Gilles Eyquem, Baptiste Gentili y Bernard Casoni.

En Cannes conseguí entender mejor a los jugadores y descubrí que, partiendo de casi nada, con unos medios irrisorios, pero con mucha voluntad, se podía progresar y ganar. Ha habido más ejemplos de éxito de clubes pequeños, como el Auxerre en el pasado o el Amiens en la actualidad.

Y Cannes también fue la época de los primeros errores.

El jugador, igual que el entrenador, aprende del juego, del campo de fútbol.

Al principio, Jean-Marc y yo conocíamos poco al equipo y evaluamos dónde podía rendir cada uno de los futbolistas. Éramos poderosos en ataque y nos enfocábamos demasiado en el juego ofensivo, por lo que encajábamos demasiados goles. Jean-Marc era un gran innovador. No le asustaba el riesgo. En el fútbol, el equilibrio del equipo es fundamental y encontrarlo requiere tiempo. A veces, ese equilibrio depende de un solo jugador. Yo aprendí mucho a su lado. Entendí que el fútbol se basa en el equilibrio entre la posesión y la progresión. De nada sirve tener un buen espíritu ofensivo con una mala defensa. Hay que evaluar los riesgos y encontrar una situación equilibrada. Hacen falta suficientes constructores de juego, así como un número adecuado de futbolistas creativos que den forma al juego. Y yo quería ser de ese tipo de entrenadores, como Jean-Marc o Max Hild, que no se fijan solo en las flaquezas del adversario.

Antes del Cannes, en la cantera del Estrasburgo, el objetivo era el futuro. En el Cannes, lo era el presente. Había que obtener resultados rápidamente. Todas las decisiones se volvieron importantes y las consecuencias se veían al momento. Nos movíamos en el corto plazo. Creamos un equipo y había que conseguir la ósmosis, un rápido equilibrio.

A menudo, un cambio de posición puede hacer que un jugador despegue. En este sentido, la capacidad de observación del entrenador es fundamental. La verdadera personalidad de un hombre puede verse mejor en un terreno de juego que en cualquier test psicológico. Desaparece el barniz social. Nos convertimos en quienes realmente somos.

Quizás en Cannes cometimos otro error que más adelante supimos evitar. Al principio de la temporada, nos fuimos con el equipo tres semanas a Saint-Martin-Vésubie y «extenuamos» a los jugadores con un entrenamiento demasiado intenso. Habíamos preparado tres sesiones diarias y carreras matinales por la montaña. Algunos jugadores se acostaban a las 20:00, pero no lograban dormir. Me decían, y no bromeaban: «Mañana nos tiene muy preocupados».

Los futbolistas empezaron la temporada sin fuerzas. Y tardaron bastante en recuperarse. Después seguimos con los entrenamientos fuertes, pero bajamos el ritmo y ganamos en precisión y en calidad. Sigo pensando que cruzar el umbral del dolor durante el entrenamiento ayuda a soportarlo en los partidos, pero también entendí los defectos de una preparación demasiado dura, que castiga al principio de la temporada.

La otra gran lección que extraje de Cannes fue que podía estar en primera línea y entrenar a los profesionales. Y me encantaba. Jean-Marc Guillou se fue a Costa de Marfil varias semanas para fichar a un jugador fabuloso, un delantero al que conocí pronto en el AS Mónaco: Youssouf Fofana. Era un futbolista espectacular, con una explosividad tremenda. De repente, en ausencia de Jean-Marc, me tuve que enfrentar a los verdaderos problemas del entrenador: me encargaba de la alineación del equipo, lo acompañaba en los viajes, era el responsable del resultado. Y me gustaba esa responsabilidad, aquella tensión permanente, ese poder. En Cannes, me quedó muy claro qué quería. Mi ambición se confirmaba.

La temporada terminó con una derrota en los cuartos de final de la Copa de Francia contra el Mónaco. Pero antes habíamos eliminado al Bastia, un gran equipo. Pero lo más importante era que habíamos tenido la sensación de que el equipo ascendía y ganaba confianza. El club tenía futuro. Más tarde, con jugadores consolidados como Alain Moizan, Albert Emon, Lacuesta y Daniel Sánchez, la entidad subió a primera división, bajo la dirección de Fernández y Richard Conte. Más tarde, aquel equipo juvenil que habíamos creado contó en sus filas con jugadores excepcionales como Zidane, Vieira y Johan Micoud.

Al final de ese año había recibido propuestas del Sochaux y del Nancy. Se lo conté de inmediato a Jean-Marc, que me animó y me aconsejó que fuera a Nancy. Fueron los más insistentes. Además contaban con Aldo Platini de director deportivo, y nos caíamos muy bien. Había conocido al presidente. Tomé la decisión. Me iría del Cannes al Nancy. Firmé mi primer contrato profesional en primera división.

Así pues, a los treinta y tres años me convertí en el entrenador del primer equipo del Nancy. Y pasé a otro nivel: ya dirigía un club de primera división. Me adentraba en otro mundo en el que los entrenadores se llamaban Jacquet, Suaudeau, Houllier, Daniel Jeandupeux, Guy Roux, que tendrían carreras impresionantes. Era un mundo en el que se me iba a juzgar con severidad y en el que tendría que ponerme a prueba. Algunos jugadores eran hombres experimentados que me miraban al principio con cierta desconfianza y alguna reserva: Eric Martin, Ruben Umpierrez, Bruno Germain, Didier Casini, Didier Philippe, Albert Cartier. Traje de Reims a Jean-Luc Arribart, un futbolista excelente. El equipo era sólido, experimentado, pero en un club que no tenía dinero. Había tenido un presidente visionario, Claude Cuny, que consiguió que el equipo se profesionalizara y le dotó de excelentes estructuras y de un equipo juvenil. El equipo tenía un capitán fantástico, Michel Platini, y logró grandes victorias, como la Copa de Francia contra el Niza en 1978. Platini, un jugador excepcional y gran estrella de los ochenta, acabaría siendo el faro de la selección francesa. Me gustaría rendir homenaje a esta generación que devolvió la confianza al fútbol francés y que «desvirgó» a Francia con aquel primer título de campeón de Europa en 1984. Ese campeonato fue el cimiento sobre el que se construyeron los grandes títulos futuros del fútbol francés.

Todo aquello suponía un gran desafío para un joven entrenador como yo, pero también era una auténtica escuela: había que equilibrar el presupuesto, vivir de un modo austero, apañarse con lo que teníamos al enfrentarnos a clubes como el Metz o el Burdeos, ciudades mucho más volcadas en el fútbol, con más recursos económicos y muchos más hinchas.

Evidentemente, yo estaba en la primera línea.

Fueron tres años apasionantes, a veces difíciles, pero muy formativos. Para aquella aventura contaba con el apoyo de Aldo Platini, el padre de Michel, que era director deportivo, tenía buen ojo, hacía observaciones fascinantes y hablaba mucho con él. También contaba con dirigentes que, como en el Cannes y en los demás clubes que acabaría entrenando, me daban carta blanca. A pesar de la escasez de medios, podía progresar a mi manera, aprender, poner en práctica mis métodos e innovar.

También estaba muy enfocado en todo lo que contribuyera al rendimiento y que no fuera parte del entrenamiento: la dietética, los masajes, la preparación mental, el sueño, la calidad de vida, el entorno. La forma en la que vive el jugador, en constante preparación. Ya había pensado mucho al respecto en Alsacia, sobre todo con Pierrot Demut. Un jugador entrenaba y, luego, fuera del club, perdía los beneficios de esos entrenamientos. Pero un futbolista profesional debe enfrentarse a todo y estar en las mejores condiciones para alcanzar el más alto rendimiento. Lo que está realmente en juego es su progresión.

El entrenamiento invisible es vital para que alguien pueda crecer como deportista. Y era una innovación. Cómo un jugador aborda el entrenamiento es fundamental. Hay que entrenar para ganar. En cuestión de cinco años de carrera, se observa un abismo entre un jugador que se entrena con ganas de progresar y otro que se conforma con su nivel.

En Nancy (tanto con el equipo del primer año, compuesto por futbolistas experimentados, como con el del segundo y tercer año, con jugadores más jóvenes salidos de la cantera dirigida por Alain Perrin, futuro entrenador del club) pude observar aún mejor a los futbolistas y entender cómo funcionaban, su ataque, su defensa, su miedo y su esencia. Muchos entrenadores llegan al cargo sin haber sido jugadores y sin haber pasado por los equipos juveniles, sin ver la evolución de los más pequeños (de apenas cinco años) hasta los adolescentes de entre quince y diecisiete. Yo tuve la suerte de pasar por estos equipos en Estrasburgo y luego en Cannes. Como entrenador mantuve mi interés por las etapas que permiten a los jugadores adquirir primero la técnica (entre los siete y los doce años), después el desarrollo físico (entre los doce y los dieciséis), luego profundizar en la resistencia mental (entre los diecisiete y los diecinueve años) y finalmente (entre los diecinueve y los veintidós) llegar a lo esencial, algo así como el tejado de la casa; lo que evita que todo lo demás se pudra: la inteligencia y la motivación. Es un trabajo interminable. Durante esos tres años en Nancy (después también en el Mónaco y en el Arsenal), supe que ahí radicaba lo esencial.

El futbolista crece, pasa por todas estas etapas y se pone al servicio del juego; esa ha de ser su única religión. Debe de estar al servicio de los intereses de su deporte, tomar la decisión óptima para cada situación a la que se enfrenta. A veces, eso significa luchar contra la tentación individual. Un jugador no puede entenderlo a la primera. Necesita tiempo para recibir el balón, luchar contra el adversario, evaluar el riesgo de perder la pelota y tomar una decisión. El papel del entrenador es hacer entender al futbolista todo lo que sirve a los intereses del juego. Para ello debe dirigirse al niño que vive en todo jugador, al adolescente que fue y al adulto que es. A menudo, un entrenador tiende a dirigirse al adulto con órdenes o reflexiones sobre el rendimiento y la victoria en detrimento del niño que juega por placer.

Yo siempre he intentado evitar a mis jugadores cualquier entorno pesado y hacer que disfruten del juego, que se despreocupen de que los juzguen y que arrinconen el miedo.

A menudo, cuando un entrenador joven viene a verme y me pide consejo, le digo que imponga su visión del juego, que no olvide que el fútbol es un gran maestro y que la observación suele ser tan eficaz como la palabra.

En un partido de fútbol, hay millones de combinaciones posibles. Eso hace que este deporte sea tan maravilloso, tan rico y sorprendente. El jugador siempre adapta su técnica a la situación. No puede actuar por automatismo. Debe prepararse, corregirse, encontrar su lugar, decidir: todo esto se adquiere, se trabaja, se enriquece, pero tendrá que decidir sin dejar de innovar, porque una situación nunca será igual que la vivida en la jugada anterior ni en el partido precedente. Nuestro deporte depende de tres factores: el control del balón, la toma de decisiones y la calidad en la ejecución.

El entrenador debe inculcar a su equipo el respeto al juego y el espíritu colectivo. En todos los equipos que he entrenado, los jugadores se han mostrado un poco laxos respecto a esta regla. Le corresponde al entrenador convencerles de que el equipo les devolverá todo lo que ellos le den. Sin embargo, cuanto más sube el nivel, cuanto más se intensifica la competición, más entorpecen estos futbolistas al equipo. Siempre he buscado, desde el Nancy hasta el Arsenal, a jugadores que no engañen en relación con su compromiso con los demás.

Fue en el Nancy donde esta búsqueda tomó forma. Ahora mi vida está tan ligada al Arsenal que a veces se me olvida la importancia de los primeros equipos a los que entrené, lo que dieron y lo que me enseñaron. Pero fue así.

Durante aquellos tres años, estuve totalmente comprometido con el Nancy. Logré ser convincente gracias a mi compromiso, a mi exigencia, incluso a veces a mi severidad. Me enfrenté un poco a los rebeldes. Quería una implicación que estuviera a la altura de la mía, así como del juego. Eso era algo fundamental para mí. Sentía que estaba en juego mi carrera de entrenador y que nada era seguro. Fue entonces cuando empecé a querer tener ojos en todas partes. Deseaba ser director deportivo en el sentido completo de la palabra. Quería decidir el mayor número posible de cosas.

Sabía que no éramos ricos comparados con otros equipos de primera división que tenían acceso a subvenciones municipales más cuantiosas, que contaban con más seguidores y recibían ingresos procedentes de las competiciones europeas. Yo tenía tanto cuidado con el dinero del club como el presidente. Llegué a ir en coche a Múnich completamente solo. Ahí se celebraba la feria deportiva ISPO, y yo solito fui de puesto en puesto a negociar la compra de balones para el club hasta que conseguí un acuerdo con Derby, que me proporcionó cien balones por temporada a un precio razonable. En el camino de vuelta a Nancy, me sentía orgulloso de mi acuerdo comercial y contento por el club.

Poco a poco, fui entendiendo que, si quería mejores condiciones (así como mejores balones), todo era importante. Por eso cada mañana discutía con los jardineros (les daba la lata para que mejoraran el estado del césped), o daba oportunidades a futbolistas jóvenes (con fichas más económicas) cuando las estrellas del equipo se marchaban.

Como estaba muy implicado y en primera línea por vez primera, me llevé enormes alegrías, sobre todo el primer año de grandes partidos y victorias. No obstante, mi pasión también me las hizo pasar canutas. Me pasaba todo el tiempo con el equipo, tomaba las decisiones, afrontaba la decepción del jugador al que no alineaba y el riesgo de que no me perdonara, tenía que hacer que volviera a confiar en mí y que recuperara la motivación desde el mismo lunes, y sobre todo debía asumir yo solo la derrota. Entendí hasta qué punto el fracaso me resultaba insoportable, incluso físicamente. El segundo y el tercer año, el nivel del equipo se deterioró, todo se volvió más difícil, y empezamos a acumular derrotas. Aprendí a vivir con ese sufrimiento y supe que para mí el fútbol era cuestión de vida o muerte.

Por ejemplo, habíamos perdido un partido la víspera de las vacaciones de Navidad. Pasé días encerrado. Solo salí el día 24 para visitar a mis padres, pero andaba como un miserable, como un zombi. Hoy me avergüenzo de aquella intensidad. Todavía ignoro por qué cada derrota me hacía tanto daño. Lo que sí sé es que ese dolor, esa parte oscura de mí, también me volvió paciente, resistente y riguroso: debía encontrar recursos para motivar a los demás. Aunque yo mismo estuviera fatal, debía ocultar mis propios sentimientos. Durante las vacaciones de Navidad, me quedé solo en casa: nadie podía enterarse de lo mal que me sentía, no lo podía permitir. Los jugadores estaban de vacaciones y, en cuanto pasara aquel periodo oscuro, recuperaría el optimismo. Durante tres semanas, viví solo con aquel dolor y con las reflexiones que lo acompañaban. Hoy sé que era una especie de vacuna contra lo que estaba por llegar.

Una historia de mi vida puede explicar esta capacidad de vivir con el dolor sin que merme mi confianza en el futuro, mi certeza de que, después de todas las derrotas, puede llegar la victoria. A los catorce años pasé varios días entre la vida y la muerte, aquejado de una fiebre terrible que nadie podía explicar. Recuerdo —y mi cuerpo también lo hace— aquel sufrimiento. Cierto día, la fiebre cesó y la vida volvió a la normalidad. A esa edad todavía era pequeño, medía un metro cuarenta. Misteriosamente, después crecí muy deprisa. A los diecisiete años, medía más de metro ochenta. Fue una lección: nunca hay que perder la esperanza, no hay que darse por vencido.

Después de eso, tuve la convicción de que podría sobrevivir a todo.

En el Nancy, no tardé en entender que, a veces, aquellos años serían difíciles. El primer año, después de tres partidos, íbamos los primeros junto al Burdeos. Nos enfrentamos a ellos y perdimos por un gol de Giresse. Aquella derrota me marcó. Supuso algo así como un giro. Aunque hubiéramos empezado bien, el Burdeos y otros equipos nos superaban. No nos quedaba otra que apretar los dientes y pelear. El segundo año logramos mantenernos en primera. Por su parte, en el tercer año creímos en el proyecto hasta el último partido de la temporada. La suerte fue estar rodeado de dirigentes que confiaban en mí y que, incluso en los momentos más complicados, me propusieron firmar un nuevo contrato de cinco años. Estaba dispuesto a quedarme, a entrenar al club y a intentar el regreso a primera. Lo pensé mucho. En esa misma época, había recibido propuestas de Borelli, del PSG, y de Campora, que hablaba en nombre del Mónaco. Me reuní con todos. Fue Richard Conte, el presidente del AS Cannes, quien me convenció de elegir Mónaco.

4

Mónaco

Mientras trabajaba en el AS Cannes con Jean-Marc Guillou y Richard Conte, había descubierto el aura y la atracción que ejercía el Mónaco. Era el club de primera división que representaba al principado. El príncipe Rainiero seguía de cerca los asuntos del club. Su familia había mostrado siempre mucha afición al deporte y el mismísimo príncipe Alberto es un gran aficionado. Jean-Louis Campora, con quien había coincidido en varias ocasiones, lo presidía desde 1975.

Yo acababa de cumplir treinta y siete años, era joven para entrenar a un club así, pero contaba con mi ambición y sabía lo que quería. El Mónaco podía ofrecernos a mí y a los jugadores condiciones de vida y de entrenamiento óptimas. Por eso lo elegí antes que quedarme en el Nancy o ir al PSG.

Jean-Louis Campora me prefería a otros entrenadores, pero yo tenía que estar a la altura, demostrar mi valía. Era un equipo de hombres, de tipos duros y experimentados que se preguntaban quién era aquel alsaciano desconocido que venía de un club que acababa de descender a segunda, apenas unos años mayor que ellos y que les parecía tan estricto y frío. Debía demostrarles que podía ser digno de las ambiciones del club.

Por su parte, el presidente Campora había mantenido en la entidad al antiguo entrenador, Ștefan Kovács, en calidad de consejero del presidente, pero también como pieza de recambio en caso de que yo no estuviera a la altura. Empecé bajo vigilancia. Al igual que con los futbolistas que llegan a un equipo y tienen que imponerse en el césped y en el vestuario, yo debía imponer mis valores, mi filosofía de juego y mis exigencias. Para ello, me distancié de Kovács; quería sentirme más libre. Empecé a trabajar con Jeannot Petit, que se convirtió en mi adjunto. Él ya estaba allí cuando llegué, y conocía bien el club y a la cúpula superior. Para un entrenador es importante tener un ayudante que conozca la cultura del club. Jeannot había jugado en el equipo durante años. Además contaba con Henri Biancheri, el director deportivo, que también había sido futbolista del Mónaco. Nos entendimos muy bien y, poco a poco, a base de trabajo y gracias a que empezamos bien en el campeonato, las dudas y las reservas se disiparon.

Venir de un equipo de estatus inferior, haber sufrido (antes de fichar por el Mónaco) numerosas derrotas, haber pasado por equipos más modestos, por momentos difíciles y haber trabajado en condiciones peores me dieron una humildad más que valiosa. Dicha humildad me sirvió para mantener la cabeza fría cuando alcanzamos grandes resultados el primer año y, asimismo, a no desesperarme cuando todo se complicaba y el ambiente se enrarecía.

Esa mezcla de ambición y humildad era mi equilibrio: lo que me definía cuando llegué al Mónaco.

Antes de arrancar la temporada, buscamos un número 10. El presidente me había dado a elegir entre Glenn Hoddle, la voz cantante de la selección inglesa, a quien se le acababa el contrato con el Tottenham y a quien el PSG le hacía la corte, y otro jugador que era más extremo: Marko Mlinarić, un futbolista buenísimo que jugaba en el Dinamo de Zagreb. Jean-Louis Campora me había pedido que hiciera el viaje de ida y vuelta de Mónaco a Zagreb para verlo jugar y tomar una decisión. A mi regreso, a medianoche, la hija de Campora me estaba esperando en el aeropuerto de Niza. Me anunció que tenía que decidir antes de las seis de la mañana del día siguiente. Recuerdo que volví a casa y vi cintas de partidos toda la noche, haciéndome montones de preguntas para decidir cuál de los dos sería determinante para el equipo.

A las 5.30, llamé al agente de Hoddle. Glenn y él ya estaban en el aeropuerto, rumbo a París para una reunión con el PSG. Les dije que tomaran el avión, pero que vinieran a Mónaco. Necesitábamos un futbolista creativo, y en los partidos que había visto, Glenn filtraba unos balones tremendos. Además, varias semanas antes, habíamos fichado a otro jugador inglés, Mark Hateley, y sabía que se entenderían bien. Glenn se convirtió en una leyenda en el Mónaco. Los demás futbolistas del equipo le tenían en alta estima y los hinchas le siguen considerando el jugador del siglo.

El año 1988, mi primero en el Mónaco, fue como un sueño dedicado al fútbol. Había encontrado un apartamento en Villefranche, en el mismo bloque que Richard Conte, el presidente del AS Cannes. Todos los días iba al club, en La Turbie, me reunía con los jugadores, me interesaba por ellos y por el siguiente partido. Tenía algunos amigos a los que veía ciertas noches; cuando estábamos juntos, por supuesto, hablábamos de fútbol o veíamos partidos. Frecuentaba a Richard Conte y a Jean-Marc Guillou, pero también quedaba con un pintor de Cannes, Peritza, con Boro Primorac, que jugaba en el Cannes y a quien apreciaba mucho, con Bernard Massini y con Roland Cheubel. Era una pandilla de amigos que sabía que mi pasión me obsesionaba, que me entendía y me apoyaba.

El club, los jugadores y yo teníamos grandes retos por delante: el Mónaco nunca había llegado a la Copa de Europa y llevaba años sin ser campeón de Francia. Todos queríamos alcanzar el nivel más alto.

Para ello contábamos con la ambición de Campora, que sabía mucho de fútbol y que se llevaba muy bien con el presidente de la liga, Jean Sadoul. Era un ganador, y casi tan mal perdedor como yo. Había creado un equipo juvenil magnífico, con cuyo entrenador, Pierre Tournier, mantuve muy buena relación, así como con el encargado de los más jóvenes, Paul Pietri.

También contábamos con un equipo de ensueño, con jugadores muy buenos. A algunos de estos futbolistas los había formado Gérard Banide entre 1979 y 1983; eran fuertes y estaban muy cómodos en el equipo: Manuel Amorós, el mejor lateral izquierdo; Claude Puel; nuestro portero Jean-Luc Ettori, una fuerza muy influyente en el AS Mónaco; Dominique Bijotat, Bruno Bellone y Sonor... Eran jugadores que en el terreno de juego desprendían una enorme confianza: sabían lo que querían y no se dejaban pisotear. Lo percibí enseguida en los entrenamientos y durante los primeros partidos. Su carisma dependía de su saber y su experiencia. Cuando las cosas se ponían difíciles, mantenían el control. Y, además, eran grandes profesionales que sabían vivir. Es un carácter que ya no se encuentra en los futbolistas actuales. Su generación empezaba a ganarse la vida con holgura, pero sin olvidar el esfuerzo realizado para llegar allí. Discutían por todo, respetando al entrenador, pero no por eso dejar de dar su opinión. Se podía hablar. A su alrededor todavía no había abogados, agentes o consejeros —que, en realidad, son familiares—, todos esos intermediarios que se han inmiscuido progresivamente entre el jugador y su entrenador.

Todos se consideraban monegascos, dispuestos a batallar por la ciudad y por el club. Encarnaban a la perfección el espíritu de Mónaco: una mezcla de orgullo y ambición, la búsqueda de la excelencia, el rechazo a la mediocridad. Cuando trabajábamos para el principado, todos sentíamos lo mismo: que había que representarlo de la mejor manera posible, estar a la altura, respetar los rituales. Eso me gustaba. Me encanta cómo, en aquella época, ese espíritu influía en el juego y en el comportamiento de los futbolistas sobre el campo.

Pensar solo en el contraste entre la vida en Mónaco y la del pueblo daba vértigo.

El primer partido fue importante: una gran prueba. Jugábamos contra el Marsella, que, después del Burdeos, iba a ser nuestro principal adversario. Tenía a estrellas como Papin. Nosotros teníamos dudas. El equipo era bueno, pero ¿qué podía hacer contra un conjunto que estaba en lo alto del campeonato? ¿Acaso éramos un equipo de la zona intermedia o de la parte alta de la clasificación?

En el segundo tiempo, jugamos muy bien y ganamos. Ese partido fue clave: animó a todo el equipo e hizo que los jugadores confiaran en mí. El siguiente encuentro fue frente al Montpellier, y también ganamos, dando muy buena imagen. El tercer partido fue mucho más difícil. Nos enfrentamos al Niort en casa. Y perdimos. El presidente Campora desempeñó entonces un papel fundamental. Aquella fue una de las pocas veces que habló con los jugadores. Confió ciegamente en mí cuando yo aún no tenía el control del equipo y seguía en periodo de prueba. Les dio a todos un discurso sereno. Gracias a eso, los futbolistas no perdieron la confianza en sí mismos. Ni en mí. Estoy casi seguro de que el éxito de aquel año y el título de campeón se decidió en ese momento.

Poco a poco logré demostrar mi valía y cuáles eran mis convicciones, y las compartí con los adjuntos y con el equipo. Era muy exigente en los entrenamientos. Usaba mucho la voz. Algunos se acordarán de mis gritos y de nuestras discusiones. No toleraba un mal pase, ni una mala actitud; a veces, era injusto, pero, como me enfrentaba a personalidades fuertes que no se arrugaban ante mí, aquellos enfados nos infundían energía. Después me volví más tolerante.

También tenía una gran frescura física. Trabajaba mucho, era el primero en darlo todo, y eso marcó a los jugadores. Cuando hacíamos concentraciones de diez días, entrenábamos tres veces diarias. También imponía descansos muy pautados antes de los partidos. Todo tenía que funcionar para que el rendimiento en los partidos fuera óptimo. Quería a los mejores masajistas y osteópatas para mis jugadores. Todo contaba. ¡Sobre todo el césped! ¡Imagino que los jardineros del Mónaco descorcharon champán en cuanto me fui! El estadio está construido encima de un aparcamiento. Había cuarenta centímetros de tierra encima del hormigón. Pero en verano, con el intenso calor, el salitre y el aire del mar, era terrible para el césped y para nosotros, y eso entorpecía el juego. Echábamos mallas para proteger la hierba del sol, y por la noche había que quitarlas. A veces, las redes no estaban bien puestas. ¡Y entonces a los jardineros les caía una buena!

Pierrot Demut y yo hablamos mucho en Estrasburgo del entrenamiento invisible y de la importancia de la dieta. Quería que mis jugadores lo tuvieran en cuenta. Y, naturalmente, me obligaba a mí mismo a dar ejemplo, ya fuera en los entrenamientos, en los ejercicios, cuando comíamos o en los desplazamientos. Aunque mi punto débil era el tabaco. Había empezado a fumar viendo esas cintas de fútbol por las noches, cuando era entrenador adjunto en el Cannes. En el Mónaco fumaba todo el tiempo: es fácil encontrar fotos en las que salgo con un cigarrillo en el banquillo. Y ahí va un pequeño anticipo: gracias a un pitillo me ficharon más tarde para el Arsenal. Pero siempre he procurado hacer propio el principio de que un líder debe encarnar los valores que predica.

Como en todos los equipos, he intentado encontrar el puesto ideal de cada jugador para que pudiera expresarse futbolísticamente, jugar al ataque y crear un fútbol atractivo. En el equipo contaba con hombres fuertes con experiencia en los que me podía apoyar, como Amorós, Ettori, Battiston y Sonor. Esta fue una de las lecciones que extraje de mi tiempo en Mónaco: si el entrenador tiene buena conexión con los jugadores más fuertes, será más fuerte. Si no, nadará a contracorriente. Gracias a los futbolistas y a su determinación, un equipo puede alcanzar ciertos valores, apropiarse de ellos y avanzar unido. También podía contar con Glenn, que no era de los veteranos, pero que se había ganado el respeto de todos gracias a su historial. Es uno de los pocos jugadores muy religiosos que he conocido: leía la Biblia durante los desplazamientos. Y en el terreno era un mago. También me encantaba la tenacidad de Claude Puel. En una ocasión tuve que dejarlo sin jugar, pero lo entendió. Tenía que reflexionar sobre el tipo de jugador que era. Y no le hizo ningún mal. Estaba convencido de su fuerza y era un luchador extraordinario, intenso. Incluso en los entrenamientos era igual de competitivo. No soltaba nunca al adversario. Por su parte, Sonor tenía las grandes cualidades de la velocidad y del regate. Lo reubiqué en el lateral. Y le reservé sesiones particulares. Le hacía ver partidos en vídeo y le monté sesiones de entrenamiento específico. Por ejemplo, le hacía centrar mucho. Ese tipo de sesiones de trabajo individual también las tuve con otros jugadores. Cada uno debía desarrollar las cualidades necesarias para su posición.

No tardamos en elegir una defensa en zona en una época en que la mayoría hacía marcajes individuales. Battiston y Vogel ya lo hacían, y después, con la llegada de Roger Mendy, la práctica se generalizó.

Por otro lado, en el entrenamiento se trabajaba la técnica por encima de todo. Hacer un pase es comunicarse con el otro, es estar al servicio del compañero. Resulta esencial. Para que el pase sea bueno, el jugador tiene que ponerse en el lugar de quien va a recibirlo. Es un acto de inteligencia y generosidad. Yo lo llamo «empatía técnica».

El entrenamiento me permitía desarrollar la expresión individual y la expresión colectiva. Conocía los sufrimientos y la batalla que libraba cada uno para alcanzar su nivel más alto, pero yo no podía bajar la exigencia.

Un entrenador debe mostrarse al mismo tiempo afectivamente comprometido y frío en la toma de decisiones. Para ser creíble, ha de tener control total sobre la alineación del equipo. Si un jugador cree que un adjunto o el presidente puede influir en la decisión del primer entrenador, este perderá toda credibilidad.

Hay que mantener siempre una comunicación recíproca. Algunos entrenadores tienden a subestimar la eficacia de la comunicación. Hay varias reglas que se deben tener en cuenta:

- De media, dos tercios de las personas se esforzarían más si se reconocieran sus méritos.
- Más del setenta por ciento de los jugadores no aplican las recomendaciones que reciben por falta de confianza, por falta de respeto al entrenador o por falta de claridad en las indicaciones prácticas. Hay que ser claro en los consejos para mejorar la confianza y los resultados.
- Cuando uno se dirige a un jugador o a alguien que tiene que progresar, por cada punto negativo que señale, debe aportar tres positivos.
- No hay que multiplicar los objetivos: uno o dos son suficientes.
- Y no hay que olvidar que el lugar y el momento son muy importantes.

Sin duda, convertirse en futbolista de élite es muy complicado, pero, una vez logrado, se corre el riesgo de acomodarse en una zona de confort. Porque estamos ante un deporte colectivo en el que los jugadores pueden esconderse. Porque los sueldos son tan altos que no animan a progresar. Porque en su entorno nadie juzga el rendimiento del futbolista con el suficiente rigor, sino que todo el mundo los adula. ¿Cuántos jugadores muy buenos se estancan? Para mí, la clave del entrenamiento es que te ayude a alcanzar un nivel técnico y mental alto que permita progresar, y esto es algo que se ha descuidado durante mucho tiempo.

Asimismo, el entrenador debe favorecer el juego colectivo. Ha de crear las condiciones que permitan que el equipo corra sus riesgos. Y debe fomentar esa actitud. Ante una derrota, ha de persistir, aguantar, creer en sus convicciones, y sobre todo no acusar a los jugadores. Actuar de tal forma que los futbolistas no tengan miedo. Cuando el entrenador prepara un partido, debe contrarrestar los puntos fuertes del adversario sin cercenar la creatividad de su propio equipo. Si uno exagera las cualidades del rival, el miedo de los jugadores puede crecer y provocar que se escondan. En el Mónaco, nuestra fuerza, que además dependía mucho de la personalidad de los jugadores, era que no se escondían: no le tenían miedo a nadie.

Allí comprendí que el entrenador crea un estilo y lo transmite a su equipo, y que ese estilo se ve en la actitud de los futbolistas. El del Mónaco consistía en proponer su propio juego y ensalzar las virtudes propias. Ese es el objetivo del entrenador: ganar e imprimir un estilo de juego. El equipo debe arriesgarse, jugar colectivamente. Algo que me proporciona una gran satisfacción es ver que mis antiguos jugadores convertidos en entrenadores comparten esta visión del juego, aunque, por supuesto, cada uno con su propia personalidad.

Al final de aquel primer año, logramos el título de campeones de Francia. Suelo acordarme más de las derrotas que de las victorias, pero un entrenador no puede olvidar el primer título que consigue. Yo ya sabía que podía lograr que un equipo ganara partidos, pero un título es otra cosa. Aquello significaba ganar encuentros toda una temporada y ser el primero. Me daba mucha confianza, sin olvidar de dónde venía.

También me permitió (sin perder la concentración en el trabajo con el equipo) pasar más tiempo en el centro de formación, acercarme aún más a Pierre Tournier, su entrenador, ver muchos partidos e intentar descubrir a los jóvenes talentos. En la cantera y más allá. En el Mónaco, los dirigentes y los entrenadores formábamos un verdadero equipo. Éramos solidarios incluso a la hora de trabajar en los fichajes.

Y gracias a ese trabajo me fijé en un jugador que acabaría siendo excepcional: Georges Weah.

Claude Leroy era entrenador de Camerún. Había venido a verme a Mónaco. Durante una comida, le transmití una inquietud: Mark Hateley se lesionaba a menudo, y necesitábamos un delantero que pudiera suplirlo. De inmediato, me habló de un jugador del Tonnerre Yaoundé. Cada lunes, cuando él volvía de Camerún, lo llamaba y le pedía noticias de aquel prometedor delantero. Envié a Henri Biancheri a verlo jugar. Me llamó después del partido: Georges había jugado con la mano escayolada. Tenía una fractura. No había hecho gran cosa, me dijo, pero en cuanto tocaba el balón el público se entusiasmaba, y eso era buena señal. Lo hice venir. Tenía veintitrés años. En su primer entrenamiento dio pena. Estaba completamente fuera de forma. Todo el mundo le vio como un negado, un tipo torpe. Solo hablaba inglés y era muy tímido. Al principio, teníamos que estar solos él y yo. Porque cuando un entrenador elige a un futbolista y le hace debutar, se crea entre los dos una relación muy especial. Hay que insistir en contra de los demás (incluso, a veces, en contra del propio jugador). Y el trabajo se convierte en una labor obstinada.

Georges se esforzó muchísimo. Lo llevaba a correr y hacíamos ejercicios por nuestra cuenta. Los hombres crecen con el entrenamiento, y es algo que con él sentí de inmediato. Progresivamente, se fue ganando el respeto de los demás. Era al mismo tiempo delgado y fuerte. Desarrolló una muy buena técnica y una creatividad sorprendente. Era astuto, potente, y fue ganando confianza un partido tras otro. Al principio, lo hacían pedazos, pero él callaba. Se llevaba golpes, pero siempre imperturbable. Yo le decía: «Por favor, quédate en el suelo, que pitarán penalti». Pero nada: él volvía a levantarse. Se concentraba solo en el juego. Estuvo en el equipo la temporada de 1989-1990. Le hice jugar en Reikiavik, y gracias a él nos calificamos para jugar en Europa. Y, poco a poco, con el dúo que formó con Glenn Hoddle, se convirtió en una verdadera estrella, uno de los mejores jugadores del mundo. En los primeros tiempos, estaba muy aislado, pero luego, temporada tras temporada, traje a jugadores de Liberia, como el centrocampista James Debbah en 1991 y el mediocentro ofensivo Kelvin Sebwe en 1992. Todos ellos formaron un grupo muy unido, lo cual resultó muy valioso.

No obstante, ¿quién habría dicho, cuando lo fichamos, que acabaría siendo Balón de Oro en 1995? Después firmó con el PSG, luego con el Milan, y terminó su carrera jugando en el Chelsea. Cuando le entregaron el Balón de Oro, yo estaba en Milán. Cuando George se enteró, me invitó a asistir a la ceremonia. Yo no tenía invitación oficial y los de seguridad no querían dejarme pasar. Georges tuvo que intervenir. ¡Imaginad la cara de aquellos vigilantes tan desconfiados cuando me vieron salir después de la ceremonia con el trofeo del Balón de Oro que Weah me había dado! Es un recuerdo magnífico. Quizá fuera la única vez en la que un jugador hizo subir al estrado a un entrenador para obsequiarle con su galardón.

En 1989, mi segundo año en el Mónaco, el pulso con el Marsella fue todavía más duro; ellos fueron los que se llevaron el campeonato. De repente, Marsella se convirtió para nosotros en lo que Mánchester sería para el Arsenal. Era un equipo de mucho talento, con los mejores jugadores franceses, con una pasión y un compromiso muy fuertes. A imagen de su público. Disfruté de aquellos enfrentamientos, de esa tensión durante los partidos. ¡Era una lucha entre ellos y nosotros! Ganábamos a menudo, ellos también. Ese año se proclamaron campeones, pero nosotros peleamos hasta el final. El de 1989 también fue el año en el que entramos en la escena europea, dejando muy buena impresión. Me acuerdo de unos octavos de final de la Copa de Europa contra el Brujas en que ganamos 6-1 en casa. Un recuerdo magnífico, pero al que siguió una derrota en los cuartos contra el Galatasaray. Eso lo llevé muy mal.

Sin embargo, había que olvidarse de aquella derrota y prepararse para seguir luchando la temporada siguiente. Debíamos reforzar aún más el equipo, para progresar, y encontrar más jóvenes talentos. Después de Weah, descubrí a Lilian Thuram. Es de esa clase de jugadores que se curan por milagro.

Jugaba en el Fontainebleau. En el centro del campo. El entrenador del equipo júnior del Mónaco me había hablado de él. Y el presidente del Fontainebleau era amigo mío. Lo llamé para que me confirmara el potencial de ese futbolista, y eso hizo, pero me explicó que acababa de firmar un contrato con el Niza. Nos la jugamos: envié a un hombre para que firmara otro contrato y le dije que la documentación llegaría enseguida a la Liga. El hombre del Niza que le había hecho firmar primero el contrato a Thuram no envió la carta hasta el lunes. Y así fue como Lilian pudo fichar por el Mónaco.

Lo ubiqué de defensa central porque era muy bueno en los uno contra uno, no le temía a nadie y tenía una fuerza mental fuera de lo común. Eso sí, había que ayudarle a crecer técnica y tácticamente. No tenía los reflejos de un defensa, pero contaba con una formidable voluntad de aprender. No le hice jugar de inmediato. Primero quería que trabajara el toque de balón. Durante uno de los entrenamientos se lesionó. El médico estaba preocupado. La lesión revelaba un grave problema en la rótula: el músculo no estaba alineado con la rótula, por lo que el movimiento del músculo era más largo y, cuando golpeaba con fuerza, el músculo se soltaba. Y tenía el mismo problema en las dos piernas. El médico quería operar ambas rodillas de inmediato, pero al final optamos por una sola operación: la reeducación habría sido imposible de tener las dos inmovilizadas. Tras la intervención, estuvo ausente un año entero. Pero, poco a poco, gracias a su voluntad de hierro, regresó. Se entrenó, jugó y no llegó a operarse la otra rodilla. Ese fue el milagro. ¡Si alguien me hubiera dicho que aquel chico iba a batir el récord de participaciones con la selección francesa y que iba a marcar dos goles en un Mundial, le habría tomado por loco!

Es otra lección de tenacidad y humildad. En el fútbol, como en la vida, no hay que cerrar nunca una puerta. Yo confiaba en él, creía en sus enormes ganas de aprender. Llegué a sacarlo del equipo cuando cometía flagrantes errores o cuando no estaba a la altura (en particular, durante un partido contra el Metz). Pero él era un ejemplo de hombre sólido, que se agarra al cuadrilátero y que quiere entender en qué se equivoca.

La rivalidad de nuestro equipo con el Marsella y el PSG continuó en el campeonato de 1991. Fue el año de nuestro segundo título: la Copa de Francia. Y quedamos terceros en la liga. En Europa, pudimos medirnos con los mejores equipos y llegamos hasta la final de la Recopa.

Ganamos, progresamos, hicimos crecer al club y lo mantuvimos al más alto nivel con aquella generación de jugadores muy experimentados de los que ya he hablado, con los nuevos fichajes de Weah y Thuram, y con la llegada de una nueva generación salida de la cantera del Mónaco o de otros clubes. Entre estos últimos destacaba Emmanuel Petit. Iba un poco a la suya. Desconfiábamos de él, se decía que era un rebelde, y no estaba claro si había que conservarlo. Yo quería confiar en él, como aquel día en que volvió a las dos de la madrugada el día antes de un partido importante. Petit había alegado que había sido por la presión, que la tensión del partido le había impedido dormir, que necesitaba salir a andar, y yo decidí creerle. Y dejarle jugar. Y lo hizo muy bien. A veces, uno se juega la carrera por casi nada. Era muy fuerte mentalmente, incluso sabía lidiar contra su propia inseguridad; era generoso en lo colectivo y muy resiliente. Quienes han jugado con él saben lo bueno que era. También hice debutar a Youri Djorkaeff, que estaba en el Estrasburgo, en segunda división. Mis compañeros alsacianos me habían dicho que era bueno, y Jeannot Petit, que fue a verle jugar, me lo confirmó. Le fue muy bien en el Mónaco. A veces confiaba demasiado en su talento, pero, como era inteligente, también sabía que hay que darlo todo.

Para evolucionar, teníamos nuestros métodos de entrenamiento, la intensidad y toda la preparación, un marco y unas estructuras óptimas. También aprovechamos mucho —y en esto fuimos pioneros— un método de evaluación desarrollado por mi amigo Jean-Marc Guillou que nos resultó muy útil.

Top Score es una herramienta de evaluación de los jugadores basada en la observación y la cuantificación de los resultados. Se dan puntos por cada acción que realiza un futbolista. Por ejemplo, 10 puntos por un pase hacia delante, 5 por un pase lateral, 2 por un pase hacia atrás, y se establece una puntuación defensiva y una ofensiva que se suman.

Al principio, a Jean-Marc le costó venderlo. Habíamos hablado del tema noche y día, y yo había seguido su elaboración. Me parecía una herramienta formidable, como todo lo que permite una evaluación objetiva del rendimiento de un futbolista. Por aquel entonces, todo dependía de la subjetividad del entrenador, y eso no era suficiente. Nuestra vida se basaba exclusivamente en nuestro juicio y nuestra intuición. Para mí era importante contar con el apoyo de la ciencia. Más tarde fui el primero en Inglaterra en firmar un contrato para evaluar el rendimiento físico de los jugadores. En Mónaco conservaba los resultados y seguía el progreso, la evolución de cada futbolista. Gracias a Top Score, nos dimos cuenta de que a los treinta y dos años un centrocampista tenía una puntuación defensiva descendente, pero una puntuación ofensiva en alza, que tenía menos energía para luchar, pero más para ser más creativo y táctico. La racionalidad permite entender mejor el mundo que nos rodea.

Un entrenador no puede verlo todo. Y, a veces, cuando está decepcionado, su resentimiento y su rabia toman el control y deja de ser objetivo. Está demasiado cerca de sus emociones. Por eso veía varias veces los partidos. Top Score resultó un instrumento adicional para ganar en objetividad. El presidente Campora, Jeannot Petit y yo nos dimos cuenta de la oportunidad que esta herramienta representaba para el mercado de fichajes. Sabíamos que el Mónaco tenía menos dinero que el PSG, el Marsella o ciertos clubes europeos. Nuestra gestión era prudente, a diferencia de esas entidades que habían pasado a otra dimensión económica. Había que comprar jugadores, pero a un precio adecuado; había que encontrar soluciones menos caras. Con los datos de Top Score, podíamos comprar jugadores en los que nadie se había fijado y a quien nadie cortejaba. Y así dábamos una oportunidad a jóvenes de la cantera.

El año siguiente, 1992, estuvo marcado por una buena temporada en Europa, pero una terrible derrota en la final. Llegamos a ella sin perder un solo partido. En el entrenamiento, Claude Puel se lesionó tras un encontronazo. Era muy importante para el equipo. Daba equilibrio defensivo al conjunto. Yo había proyectado un equipo más ofensivo y, por tanto, más vulnerable para jugar ante el Werder Bremen. Pero lo que cambió todo en esta final (y más a largo plazo en nuestro ánimo y nuestra memoria) fue la tragedia del estadio de Furiani (el hundimiento de la grada), que ocurrió la víspera. Toda la noche, en nuestro hotel de Lisboa, ciudad donde se iba a disputar la final, nos estuvimos preguntando si el partido acabaría celebrándose. ¿Cómo jugar después de aquello? Jugamos mal, el estadio estaba casi vacío, los ánimos estaban en otra parte. La derrota que sufrimos quedó asociada a nuestra tristeza como una cicatriz de por vida en cada uno de nosotros. Al día siguiente, fuimos con el presidente Campora a Bastia, al hospital y a la iglesia. Bastia era un club que hacía lo máximo con el mínimo de medios. La emoción y la rabia se palpaban por doquier. Todos estábamos marcados, como tras el drama de Heysel en 1989. En esos momentos, nos sentíamos lejos del egoísta universo de la competición. Antes de volver a él, deseo que no olvidemos a los muertos y a los heridos, y que hagamos lo que nos corresponde: hemos de procurar que el fútbol aprenda de estos dramas y evitar que se repitan.

En 1993, algunos jugadores se fueron, otros estaban lesionados y fichamos a jóvenes promesas. En la Liga de Campeones tuvimos un recorrido muy bueno. Logramos magníficas victorias contra el AEK de Atenas, el Steaua de Bucarest y el Galatasaray. Pero en la semifinal contra el Milan sufrimos un severo correctivo. Aunque el Mónaco nunca hubiese llegado tan lejos, es un mal recuerdo al que se une la amargura de los años negros: las sospechas de corrupción, de partidos amañados, de árbitros y jugadores comprados, mi enfrentamiento directo con el Olympique de Marsella. El escándalo del Olympique y el Valenciennes fue el golpe contra el sistema implantado desde hacía algunos años y que lo envenenaba todo.

Todavía hoy me cuesta hablar del tema. ¿Cómo hacerlo cuando las dudas son inmensas, cuando las certezas no se apoyan en prueba alguna, cuando quienes saben y a quienes aconsejé que hablaran no lo hacen? ¿Cómo ser justo con esto años después, cuando el fútbol francés y yo hemos salido de ese periodo oscuro sin mermar nuestra fe en el juego, en el deporte y en los hombres?

En esa época sabíamos que era algo que no podía durar y que afectaba solo a un número reducido de personas. Había que aguantar y tratar de confiar en los jugadores (aunque ahí estaba la duda). Y había que evitar que las sospechas cambiaran nuestra forma de entrenar y de jugar. No podíamos dudar del adversario todo el tiempo. Sabíamos que el Marsella era un gran equipo con jugadores excelentes, independientemente de todo lo que se hubiera hecho o no para que ganara.

Aquel clima insano, las discusiones entre los jugadores en el vestuario, las confidencias sobre la implicación de este o aquel me obligaron a ponerme fatalista. Había que abstraerse y concentrarse en aquellos en quienes se podía confiar. Yo ocultaba mi enfado. Y durante aquel tiempo intenté no justificar una derrota con una presunta traición sino, al contrario, duplicar el esfuerzo. No podía seguir con mi trabajo si no dejaba de sospechar. Un entrenador es un guía, y para guiar a los hombres hay que creer en ellos. No quería que esos años y aquellas terribles prácticas afectaran a mi sueño, a la belleza del deporte. Ganar a cualquier precio es algo en lo que jamás creeré y que nunca aplicaré.

Mi salida del Mónaco y mi llegada a Japón fueron una terapia. Aquel dolor desapareció. El clima de sospecha de entonces también ha muerto. Esos años están a nuestras espaldas. Estoy seguro de que han dejado huellas, convicciones. Cuando se ha conocido tanta injusticia y tanta frustración, se es favorable a todo lo que pueda alejar la duda. Siempre apostaré por la justicia por encima de todo. He leído varios ataques contra el videoarbitraje, pero es un progreso enorme. Muchos aseguran que el videoarbitraje mata la emoción, que los errores de antes se equilibraban en una temporada. Es un argumento inaceptable, pues nada demuestra que los errores se equilibren. Y, en todo caso, de ser el caso, sugeriría que el error en sí no es grave y que, por qué no, se pueden aceptar montones de ellos.

Creo que una forma diferente de olvidar y reparar el daño causado en aquellos años terribles, sobre todo para la imagen del fútbol francés, es obrar en pro de la justicia y la transparencia.

Los años en el Mónaco fueron los del descubrimiento de la victoria, de las Copas de Europa y de la rivalidad extrema. Pasé allí siete años. Ningún entrenador ha estado en el club tanto tiempo como yo. Algunos meses antes había rechazado una oferta del Bayern de Múnich porque quería ser justo con aquel club tan querido, con sus jugadores, y llegar al final de mi contrato. Pero la temporada había empezado muy mal, teníamos muchos lesionados, y el presidente prefirió desprenderse de mí a sabiendas de que, de todas formas, no me iba a ir muy lejos cuando terminara el contrato. Me pareció injusto y brutal, por más que supiera que son gajes del oficio.

El club ha cambiado mucho por el contexto, por las políticas fiscales, por la voluntad de los dirigentes de hacer negocio y porque no se ha enfocado todo a construir un buen equipo. Hoy en día, hay que conseguir rentabilidad con fichajes jugosos, incluso si eso significa desvalijar un equipo y tirar por tierra el trabajo ya hecho. Todo cambia, llega rápido y se va a la misma velocidad: los propietarios, los entrenadores, los jugadores. Lo único que permanece son los hinchas, con su pasión y fidelidad. Que lo que marque el ritmo sean los intereses económicos ha cambiado Mónaco y el club que entrené. Está lejos de nuestro «estilo» y del espíritu de los primeros tiempos.

Sin embargo, al irme a Japón no quise conservar más que lo que había ganado: durante todos esos años, el club había cambiado sus ambiciones, se había instalado en el más alto nivel, tenía jugadores maravillosos que se habían formado y habían empezado allí. De hecho, el último de ellos no sería de los más modestos: Thierry Henry. Había seguido su evolución con el equipo sub-17 y debutó en 1994. Se acabaría convirtiendo en un jugador excepcional, vivaz, inteligente, con una fuerza física impresionante, y me lo volvería a encontrar pronto en el Arsenal. También quise aprender a transformar en lecciones todo lo que habíamos perdido: los partidos, las copas, a veces un poco de inocencia y de optimismo, que recuperé pronto en el Nagoya.

5

Japón

Cuando era entrenador del Mónaco, vivía en Villefranche, en la parte alta de la bahía. Era idílico. Tenía amigos, había conocido a Annie, con quien me casé algunos años más tarde y con quien tendría una hija, Léa, en 1997. Annie Brosterhous solía ir al estadio, donde nos conocimos. Era una atleta, una antigua jugadora de baloncesto. Se había casado con un jugador profesional de ese deporte y habían tenido dos hijos. Cuando nos conocimos, Annie era profesora de educación física y venía al estadio con sus alumnos. El amor creció poco a poco, cada uno tenía una vida antes de que nos conociésemos, habíamos tenido pareja, habíamos estado después solteros, y yo me aferraba a mi libertad más que a nada. Había aprendido a vivir solo. Vivía y quería vivir según mis reglas y tenía una pasión que ocupaba todo mi tiempo. Sin embargo, en Mónaco, Annie y yo aprendimos a conocernos, a descubrirnos, a compartir nuestra pasión por el deporte, la disciplina, la exigencia del juego. Nos vimos muchísimo hasta que yo decidí irme a Japón; ella vendría a verme en vacaciones.

Llevaba años trabajando sin parar, pero ya echaba de menos el entrenamiento, el césped y los partidos. Por hermosos que fueran, no me sentía prisionero ni del paisaje ni del estilo de vida. Estaba dispuesto a irme a un nuevo club, lejos de allí. Cuando me preguntan si fue difícil tomar esa decisión (dejar la bahía de Villefranche), contesto con algo que me parece muy revelador respecto a mi carácter en aquellos tiempos. Las vistas de Mónaco eran bellísimas, pero, si perdía un partido, desaparecían. En Japón tenía un apartamento cómodo, pero la ventana de mi cuarto daba… a un muro y nada más. Pero tampoco lo veía. Y si ganaba un partido, el muro se convertía en el paisaje más hermoso.

El agente Milan Ćalasan, antiguo jugador del Estrella Roja de Belgrado y del Dinamo de Zagreb, me puso en contacto con el club de Nagoya. Conocía la liga japonesa, que se había creado en 1993 e iba viento en popa: atraía a jugadores extraordinarios, como Leonardo, que jugaba en el Kashima Antlers, o Dunga, que estaba en el Júbilo Iwata. Allí había mucho dinero, se pagaba a los jugadores y a los entrenadores mejor que en Europa (ahora ya no es así). Respondí que estaba dispuesto a irme, que aquel club llamaba mi curiosidad, pero que no estaba completamente seguro de que pudiera aceptar su propuesta.

Fui solo con Milan. Visité el lugar y el club. La ciudad era industrial, dura, sin aparentes atractivos. Pensé de inmediato: espero sentirme bien en el club, porque no se va a Nagoya a hacer turismo. El club se había hecho profesional el mismo año en el que se creó la liga japonesa. Se había fundado en 1939 con el nombre de Toyota Motor SC. Era un club con espíritu empresarial. Los jugadores se habían convertido en profesionales jugando para la empresa. Y estaban tan dispuestos a morir por el club como por la empresa. Había un espíritu de unidad muy fuerte. También sabía, y lo comprobé en los partidos en casa a los que asistí, que el club atravesaba grandes dificultades. Lo llamaban «el peso muerto de la J. League». Había perdido diecisiete partidos consecutivos. En esa época, el equipo no corría el riesgo de descenso porque no había segunda división, pero iba el último. Cuando yo los vi jugar, también perdieron. Sentía su compromiso, pero estaban desorganizados y no había buenos jugadores: un centrocampista constructor, un mediapunta creativo, un buen defensa central e, idealmente, un buen portero. Vi el potencial del equipo, el buen ánimo del club, la relación de confianza que podía construir con los dirigentes y el inmenso trabajo que había que hacer. Y eso me gustaba.

Al día siguiente tuve una reunión para hablar sobre las condiciones y el contrato. Volví a Villefranche indeciso, tras pedirles dos o tres semanas para reflexionar. Había traído cintas de vídeo de sus partidos para juzgar el estado del equipo, evaluar lo que les faltaba y sopesar el club de la mejor manera y con la mayor libertad. Estaba dispuesto a lanzarme a aquella aventura.

Entonces, antes de empezar con el club en Japón, busqué a los jugadores que nos faltaban. Me fui a Brasil, donde sabía que podría encontrar uno o dos jugadores prometedores con el presupuesto que me habían confiado.

En São Paulo pasé horas y horas viendo partidos y cintas de partidos. Un día, un agente me trajo un vídeo y me dijo: «Fíjate en el defensa central: es para ti». Vi el partido, pero me gustó más el defensa central del equipo contrario. Se lo dije y consiguió organizarme al día siguiente una reunión con el joven jugador y su agente, que vinieron a Río para conocerme. Entre tanto, había visto otros vídeos de sus partidos y ya estaba convencido. Entendía bien el juego, era bueno en la anticipación, técnicamente correcto: era lo que buscábamos. No lo vi jugar en vivo: me decidí solo con su rendimiento en los partidos de las cintas que había visto. Era Alexandre Torres. Organizamos la reunión, pero no me dijeron el nombre del agente. La reunión estaba prevista al día siguiente a las dos de la tarde. Llegaron juntos. Yo estaba inquieto. Su cara me sonaba. Le pregunté su nombre. Era Carlos Alberto, el capitán del mítico equipo de 1970, el famoso lateral derecho de Brasil. Y no solo era el agente de Alexandre: era su padre. En cierto modo, Carlos estaba peleado con la federación de fútbol brasileña, y por eso su hijo no jugaba en la selección nacional. ¡Esto reforzó mi decisión! Al verlo jugar, me convenció por completo. No solo era un buen jugador, sino también un hombre con gran mentalidad, con una clase muy notable, pero siempre con una gran sencillez. Su padre, él y yo nos hicimos amigos y solían venir a verme a Londres.

Antes de volver de Brasil e ir con mi mujer y mis padres a Alsacia a pasar las fiestas de Navidad, me enteré de que Serbia jugaba contra Brasil. Me quedé un poco más para ver si también encontraba un buen jugador en ese equipo. ¡Me perdí la Navidad! Y no encontré un futbolista serbio, pero sabía que en el equipo de Nagoya ya había uno, excepcional e infrautilizado: Dragan Stojković. Si conseguía que progresara correctamente y él mismo se esforzaba, ese chico podría llegar al más alto nivel.

Además de Alexandre Torres, encontré otros dos jugadores dispuestos a correr aquella aventura conmigo, dos franceses que conocía bien: Gérald Passi, mediapunta, y Franck Durix, mediocentro. Passi había jugado conmigo en el Mónaco, y a Durix lo había visto jugar en el Cannes. Había negociado en Cannes el fichaje de Franck e hice venir al director deportivo del Nagoya a Niza. Pero justo antes de firmar, sentí que el dirigente japonés dudaba. «Quizás el jugador no sea tan bueno», me dijo. En ese momento estuve a punto de renunciar a mi aventura japonesa. Fue ese famoso instante en el que, por más que las cosas parezcan bajo control, todo se puede desmoronar. Aquellos dieciocho meses que pasé en el Nagoya pendieron de un hilo. Fue cuestión de principios. Dejé al director deportivo diez minutos para pensar si firmaría la compra del jugador; de negarse, renunciaría a mi nuevo contrato de entrenador. Se quedaron con Durix y jamás lo han lamentado.

Durix y Passi eran jugadores con mucho talento; estaba seguro de que podrían aportar mucho al equipo japonés y a su juego. Por otro lado, estaba convencido de que la liga japonesa les aportaría mucho a ellos dos. Era una oportunidad nueva para todos: después de los años oscuros del fútbol francés, ir a Japón era una válvula de escape. Por otro lado, para los jugadores extranjeros era la oportunidad de descubrir una liga joven, un fútbol diferente en el que demostrar su potencial. Sé que la experiencia japonesa les cambió la vida, igual que cambió la mía.

Varias semanas después de que me instalara en Nagoya con los jugadores que había elegido, Boro Primorac llegó para ser mi adjunto. Había conocido sus inmensas cualidades como jugador. Sabía que era un hombre íntegro y apasionado, pero en Japón descubrí su talento como técnico. El dúo que formamos se perpetuaría en el Arsenal. Teníamos la misma idea del fútbol. Él poseía una gran cultura de deporte colectivo. En los entrenamientos adivinaba lo que yo quería antes incluso de que lo pensara. También tenía una curiosidad natural que le permitía vivir en cualquier sitio, adaptarse a todas las situaciones, conseguir la aceptación de los jugadores, que lo querían mucho. Ambos habíamos ido sin nuestras parejas, que viajaban a vernos durante las vacaciones. Cuando ellas no estaban, vivíamos juntos. Pusimos en marcha un sistema que nos permitía no estar solos nunca, vivir para el fútbol, para el trabajo. Así cohabitamos durante dieciocho meses, cosa que selló nuestra amistad y nuestra forma de trabajar. Incluso desarrollamos un lenguaje que solo entendíamos nosotros. Recuerdo una anécdota que dice mucho de nosotros…, y también de mi padre. Mis padres vinieron a Londres y organizamos una cena con Boro y nuestras familias. Durante la cena, Boro y mi padre no pararon de hablar. Varias horas después, le pregunté a mi padre sobre qué habían hablado. Me confesó que casi no había entendido nada. Era como si Boro y yo habláramos una lengua que solo entendíamos nosotros. ¡Y aquella lengua había nacido en Japón!

Antes del comienzo de temporada, llevé a todos los jugadores extranjeros y al contingente japonés de viaje a la isla de Okinawa. Solo quería quedarme con veinte futbolistas de los treinta y cinco que tenía conmigo. Sabía que, al reducir ese número, el equipo se organizaría mejor y sería más fuerte. Pero me enfrenté a un problema terrible: en el entrenamiento, su esfuerzo y su actitud hubieran justificado que me quedara con todos ellos. Eran impecables. Trabajaban como el que más y tenían ganas de aprender y evolucionar. Sabía que iba a dejar fuera a hombres voluntariosos que se habían esforzado enormemente, con una dedicación a su club que solo he visto en Japón. Ese compromiso y ese trabajo tenaz lo aprecié en todos los futbolistas que vi durante aquellos dieciocho meses. Había que ocultar los balones para que cuando empezara el partido no estuvieran ya cansados. Era un sentido del esfuerzo que contagiaba a todos. A Dragan, por ejemplo, no lo habían aprovechado lo suficiente durante meses. Yo sabía que, si quería volver al nivel más alto, tendría que esforzarse mucho. Le hice sufrir en el entrenamiento, pero él se entregó a fondo durante la preparación. Se empeñó y obtuvo su recompensa: se convirtió en una estrella en Japón y, años después, llegó a entrenar al equipo de Nagoya.

Tras los días en la isla y las semanas de preparación, jugamos nuestro primer amistoso contra el São Paulo. En esa época, los brasileños eran los campeones del mundo. Por tanto, era todo un reto. Yo había empezado a poner en práctica mis métodos, les daba mis consignas, les transmitía mi amor por el juego por encima de todo: quería ver en qué punto estaba el equipo. ¡Aunque éramos vulnerables en la retaguardia, los vencimos! Aquel partido me reconfortó y me tranquilizó: había visto todo el potencial de mis futbolistas. Sin embargo, cuando el campeonato empezó, fue una catástrofe: perdimos un partido tras otro. Al cabo de ocho semanas, habíamos ganado tres puntos y estábamos en la posición decimocuarta. Los jugadores no confiaban en sí mismos y percibí que los dirigentes no tardarían en dejar de confiar en mí. Me convocaron a una reunión. Recuerdo decirle a Boro: «Creo que ya podemos ir haciendo las maletas». Estuvimos de acuerdo en que los resultados eran decepcionantes. Así pues, me esperaba oír que estaba despedido, pero... anunciaron el despido de mi intérprete. ¡Si yo no lograba transmitir mis valores y mis directrices, la culpa tenía que ser suya! ¡Peleé para que se quedara y me salí con la mía! Creo que los dirigentes me concedieron un poco más de tiempo porque la temporada no podía ser peor que la anterior. Eso me daba un respiro tras los diecisiete partidos que habíamos perdido. Y los dirigentes comprobaron hasta qué punto me estaba implicando en el club y en el campeonato. Trabajaba todo el tiempo y quería ayudar para que la liga en Japón se estructurara y progresara.

Para solucionar nuestra debilidad defensiva, cambié el centro de la defensa. Coloqué a Go Oiwa con Alexandre Torres, y nos volvimos mucho más eficaces. Pero lo más importante es que hice todo lo posible por recuperar la confianza perdida. Que se concentraran en sus fuerzas, en su evidente talento, en vez de temer siempre a sus rivales. Los jugadores eran voluntariosos, resistentes y ágiles. Eran muy trabajadores, tenían una disciplina férrea y respetaban todo lo que yo podía enseñarles. Como con todas las artes en Japón, desde la composición de ramos de flores hasta la actitud de los luchadores de sumo o de los jugadores de béisbol, mis jugadores eran unos apasionados de lo hermoso, lo bello y lo delicado. Su búsqueda de la elegancia y la sutileza siempre me gustó. Tenían el pie ligero. Lo que les faltaba era potencia. De hecho, a veces anteponían la elegancia y la belleza a la eficacia. Pero podían compensar aquellos defectos volviéndose cada vez más precisos, ágiles, ligeros y resistentes. Debían potenciar sus puntos fuertes. Es algo que he intentado enseñarles a todos mis equipos: han de profundizar en sus virtudes, han de imponer sus cualidades para compensar sus defectos. Y no deben dudar. El equipo de Nagoya contaba con otra cualidad muy instintiva que volví a encontrar en Inglaterra: un espíritu colectivo muy desarrollado, una tendencia natural a ayudar al compañero y a ganar todos juntos.

También aprendí a hacer concesiones. Comprendí que debía adaptar mis valores y mis enseñanzas a sus tradiciones y sus creencias. Asimismo, aprendí a comunicar de otro modo lo que quería, para que lo recibieran más eficazmente. En el Mónaco y en otros clubes había sido rígido, duro y autoritario. Pero aquí aprendí algo más que valioso: me adapté, busqué integrarme y entender. Reflexionar sobre el juego y acerca de la mejor manera de comunicarme, sobre la cultura propia de cada nación e incluso de cada club, me permitió progresar, ser más preciso y mejor pedagogo. Aprendí a optimizar la transmisión del mensaje y a identificar lo que podía adaptar o modificar (el método de entrenamiento, de preparar un partido, lo que sabes que es importante para ganar), los principios a los que podía renunciar.

Así pues, tuve que hacer concesiones. En Europa, por ejemplo, se exige a los jugadores (y a todos los deportistas en general) que no se den un baño caliente la víspera de un partido. Sin embargo, en Japón, la tradición de la sauna, del *ofuro* y de los baños hirvientes es ancestral. Cuando lo averigüé, casi me caigo al suelo del susto. Todos los jugadores en esos baños durante horas... Pero no dije nada: hay que aprender a respetar las tradiciones.

También tuve que prestar atención para no herir a mis jugadores ni a mis ayudantes. Los japoneses le dan una gran importancia al honor. No quedar en evidencia es esencial para ellos. Si un entrenador le dice a su jugador que es malo o un negado, este se avergüenza porque parte del principio de que él da siempre lo mejor de sí mismo. Tuve que adaptar mi lenguaje para transmitir mi descontento y mis reproches, pero sin ofender. Y, si yo no lo lograba, sabía que mi intérprete lo haría por mí.

El otro rasgo del carácter japonés al que me tuve que adaptar fue su enorme disciplina y su trabajo tenaz. Son virtudes, por supuesto, pero en exceso se pueden convertir en defectos. Por ejemplo, sentían tal respeto por el entrenador que lo esperaban todo de mí. Aplicaban mis consignas al pie de la letra, pero sin osar tomar la iniciativa. Al principio, estaban perdidos porque creían que les iba a decir qué hacer a cada instante. Les tuve que enseñar que yo estaba allí para prepararlos a tomar las mejores decisiones, pero que eran ellos los que, en última instancia, las tomarían. Debían liberarse y expresarse. De ese modo, pudimos desarrollar un juego colectivo basado en la velocidad y en la movilidad, pudimos centrarnos en la técnica y en el juego al espacio.

También les dije que no ganarían si no entrenaban más y más, pero nunca me imaginé que lo harían con tanto tesón. No he vuelto a toparme con gente con tantas ganas. Fue la única vez que he tenido que desarrollar estrategias para esconder los balones, prohibirles jugar antes de los entrenamientos y hacer que gestionaran sus esfuerzos.

La adaptación tuvo que ser mutua. Hicimos concesiones y empezamos a ganar. Los futbolistas se adaptaron a mis métodos y a mis valores, pero yo también di muchos pasos hacia ellos y hacia su cultura. Fue fantástico. A grandes rasgos, aprendí a vivir lejos de los míos, en una ciudad que no era la cosmopolita Tokio, sino más bien una de provincias, donde pasaba cuarenta minutos en el coche para ir de mi apartamento al estadio, guiándome gracias a que me había aprendido de memoria los carteles publicitarios (rezaba para que no los cambiaran, pues me hubiera perdido; cambiaron, por supuesto, pero entre tanto ya me había aprendido el trayecto). También recuerdo mi primera rueda de prensa en un restaurante tradicional: ni una silla, ni una banqueta, nos sentábamos en cuclillas. A los diez minutos, creía que me iba a morir. Me pareció más duro que todos los entrenamientos. Yo salía de la sala cada cinco minutos. Debieron de pensar que estaba enfermo. Descubrí su respeto inflexible respecto a los horarios, su rigor, su disciplina (ni un tren llegaba con retraso, ni una velada se alargaba más allá del horario indicado en la tarjeta de la invitación). Fue un choque de culturas, pero en el buen sentido. Descubrí una extrema honestidad, una delicadeza y una forma de vivir que me parecía un sueño después de los últimos y difíciles años en el Mónaco.

También descubrí un elemento de la cultura japonesa que me ha resultado muy valioso en mi relación con el fútbol, con el juego y con el éxito. El sumo es un deporte ancestral, con ritos y leyes que no han cambiado desde su nacimiento. A menudo, veía los combates y aprendía mucho de ellos. El sumo cultiva el respeto como un valor capital. Hay seis torneos al año. Se deben ganar dos para llegar a ser *yokozuna*. Sin embargo, después de la victoria, el luchador pasa ante una comisión que juzga si su comportamiento ha sido irreprochable. Eso significa que el valor de la competición es importante, pero no suficiente. A la victoria hay que añadirle un buen comportamiento. Me quedé con eso: me parece fundamental también para el fútbol. Tuve la sensación de que podría escapar de la presión de obtener buenos resultados a toda costa y regresar al entusiasmo infantil del jugar por jugar.

En el sumo, no existe el empate. Los combates acaban con una victoria o una derrota. Y, aunque ahora las reglas de la J. League han evolucionado, entonces tampoco existía el empate en la liga japonesa, donde había prórrogas y penaltis en caso de igualdad. Eso también da una idea de la pasión y el compromiso de los jugadores.

Durante mis dieciocho meses en Japón, corté con los míos y me alejé de la presión del fútbol europeo, tan brutal y violento en muchas ocasiones. No me convertí en un entrenador demasiado diferente al que ejercitó su pasión en el Mónaco o en el Nancy, pero viví por el juego y solo para el juego. No leía la prensa. No sabía nada de lo que se decía de mí. Dejé de lado el relato de los rencores, de las injusticias. Volví a la esencia de nuestro trabajo. Aislado de los comentarios, de los consejos, de los reproches y de los elogios, me sentí libre. Cuando llegué al Arsenal, pensé que me costaría engancharme otra vez a vivir con esa presión. Me dije que ya no sería tan víctima del entorno. Por supuesto, caí nada más llegar. No obstante, debo decir que, durante los periodos intensos y duros, haber experimentado aquella serenidad en Japón me aportó una paz que fue de gran ayuda.

¡No tardamos en ascender del puesto decimocuarto al cuarto…, y luego al segundo! Fue una remontada extraordinaria. Este cambio reforzó al equipo y nos nutrió de confianza. En la segunda mitad de la temporada, consolidamos ese despegue y los buenos resultados. Y así ganamos la Copa del Emperador de 1995. Al año siguiente, cayó la Supercopa de Japón. Cuando me fui, en octubre, el equipo estaba en situación de ganar el campeonato (al final, no lo consiguió por bien poco). Acabamos segundos. Recuerdo el fervor que había en el estadio, era maravilloso. Recuperamos la alegría y la pureza del juego en aquellos estadios repletos. Son grandes recuerdos: fervor total, o silencio, y a veces una única lágrima en los rostros de los hinchas cuando perdíamos. Parecía que en cada partido nos jugábamos la Copa de Europa, por la pasión de los jugadores y de los aficionados que abarrotaban las gradas.

Fue una temporada formidable, aunque algo deslucida por la lesión de un jugador muy bueno, el delantero Ogura. Había jugado en el equipo sub-21 y durante el descanso se rompió los ligamentos cruzados de la rodilla. Para entonces, yo estaba en Niza. Lo operaron. Muy mal. Regresó después, pero no recuperó su nivel, su potencia ni su juego. No tuvo la carrera que se merecía. Esa fue una preocupación constante: que los jugadores lesionados pudieran beneficiarse de los mejores cuidados, que los operaran los mejores cirujanos, que procuráramos no perder a un futbolista de tan alto nivel por una lesión mal curada.

En junio de 1996, David Dein, Hill-Wood y Danny Fiszman se reunieron conmigo en Nagoya. Nos conocíamos desde hacía años. Había decidido volver a Europa con la única condición de que fuera a un gran club. Debía ser un verdadero desafío. El Arsenal estaba a la altura. Tardamos una hora en ponernos de acuerdo. Me incorporaría al club inglés lo antes posible, pero no iba a dejar al Nagoya sin entrenador en mitad de la temporada.

Los dirigentes japoneses se «apresuraron lentamente» a sustituirme. No intentaron retenerme como suele hacerse. Utilizaron argumentos sorprendentes: se habían propuesto que Japón fuera una de los mejores países futbolísticos en… cien años. ¡Yo era una parte del engranaje y de su plan! Es un dato muy revelador de su relación con el tiempo, de su persistencia y determinación. Pero yo ya había tomado una decisión. El Arsenal. Una decisión que me cambiaría la vida. ¿Cómo iba a imaginar que sería el comienzo de una aventura que duraría veintidós años?

L'Équipe magazine, 21 de marzo de 2009.

Mis padres.
Mi padre.

Con mis padres,
mi hermana
y mi hermano.

En Duttlenheim, en una
boda. Delante de mí,
mi prima Martine.

Mi primer equipo de fútbol en Duttlenheim. Mi padre, a la izquierda, con abrigo y sombrero. Yo estoy de pie, el quinto empezando por la izquierda.

En el AS Vauban en 1976. De izquierda a derecha, de pie: Schalk, Lazarus, Lorand, yo, Lechner, Siefert, Cordier. En primera línea: Chalber, Sublon, Bossert, Epper, Haussor.

En el centro de formación para jóvenes del Estrasburgo, donde jugaba y entrenaba. De izquierda a derecha: Mosser, Veras, Vogel, Glassman, Ottman y yo. En primera línea: Ricotta, Barthel, Schaer, Jenner, Gentes.

En la Copa de Francia con el AS Vauban contra el Niza. Ante mí, Roger Jouve.

UN ATOUT DE TAILLE DANS LE JEU DU FCM

ARSENE WENGER, «UN GRAND BLOND AVEC...»

En annonçant, hier, que le FCM était en passe d'obtenir la signature d'un grand «espoir» du football alsacien, c'est bien à Arsène Wenger que nous faisions allusion. Mais, pour ne pas gêner les tractations, nous ne pouvions citer de nom.

A présent, la mutation est réglée et Arsène Wenger, 23

En el Racing Club de Estrasburgo.

A mi llegada al Mónaco con los jugadores nuevos. En la imagen, Patrick Battiston, Fabrice Mege, Rémy Vogel, Glenn Hoddle, Mark Hateley.

Con George Weah.

La Copa de Francia ganada al Olympique de Marsella en 1991.

La Copa de Francia y parte del equipo. De pie, de izquierda a derecha: Ramón Díaz, Roger Mendy, Emmanuel Petit, Claude Puel, Franck Sauzée, Jean-Luc Ettori. Sentados, de izquierda a derecha: Gérald Passi. Youri Djorkaeff, George Weah, Luc Sonor y Rui Barros.

Con el príncipe Rainiero y Alberto de Mónaco tras una cena para celebrar la Copa de Francia.

Normas dietéticas
de Arsène Wenger.

REGLES DE DIETETIQUE

Important : 1) - Eviter de boire en mangeant - un verre de vin à la fin des principaux repas suffit - boire entre les repas et au moins une 1/2 h avant de manger.

2) - Eviter l'absorption en même temps de légumes verts et de pommes de terre.

3) - Eviter le café au lait ou le thé au lait : indigeste

RATION-TYPE EN PERIODE D'ENTRAINEMENT

Petit déjeuner (entre 7 h et 8 h) (café noir au réveil)	Céréales au lait sucré Pain grillé - confiture - beurre Jus de fr uit ou Fruit
Déjeuner entre 12 h et 13 h.	Crudité ou légume cuit assaisonné (citron-huile) Viande ou Poisson ou Foie 1 féculent ou 1 légume vert 1 fromage 1 fruit ou compote
Goûter 17 h	Thé ou café léger ou lait Biscottes ou Biscuits secs
Diner 19 à 20 h	Potage aux légumes passés Viande ou Poisson ou 2 oeufs au jambon 1 légume vert ou 1 féculent (suivant le menu de midi) 1 salade ou 1 fruit 1 entremets au lait ou 1 yaourt

----

Quantités à prendre chaque jour	Pain : 300 gr - P.d.t. : 400 gr Céréales : 30 gr - Sucre : 50 gr - Confiture : 50 gr Viande : 250 à 300 gr - Lait : 0 l 400 Fromage : 60 gr - Beurre : 30 gr - Oeuf : 1/2 Légume vert : 500 gr - Fruit : 150 gr Agrumes : 150 gr

Au moins : 1 repas par semaine prendre du foie - à la place de la viande

2 à 3 repas par semaine prendre du poisson.

LA VEILLE DU MATCH

- repas habituels mais remplacer de préférence la viande par du foie de veau et éviter les féculents ainsi que les boissons alcoolisées.

APRES LE MATCH

- **Boire** : 300 gr d'eau de Vichy contenant 1 gr de sel
- **Eviter** : toute boisson alcoolisée ou riche en gaz carbonique
- **Prendre** : 1/2 heure avant le diner 1/2 l d'eau d'Evian
- **Au dîner** :
  - 1 bouillon de légumes salé
  - 1 plat de pâtes ou de riz ou de P.d.t. avec 15 gr de beurre frais
  - 1 salade verte à l'huile ou au citron avec 1 oeuf dur
  - 1 ou 2 tranches de pain (hypazoté) ou biscottes
  - 1 ou 2 fruits mûrs
  - 1 verre de bordeaux

LE LENDEMAIN

- **Petit déjeuner** (10 h) :
  - 1 gr. tasse de café léger ou thé sucré avec biscottes
  - 1/4 l. de jus de fruit frais
- **Déjeuner** :
  - 1 légume crû - 1 plat de pâtes ou riz servi avec beurre ou fromage râpé
  - 1 salade à l'huile ou au citron - Fruits mûrs ou secs
  - 1 verre de vin
- **A 16 h** : - 1/4 l de jus de fruit
- **Diner** : - Habituel avec viande ou poisson

LE SURLENDEMAIN

- Les 4 repas doivent être copieux - Petit déjeuner habituel, plus 1 tranche de jambon - Déjeuner habituel, plus gâteau de riz ou de semoule - Diner habituel, plus fromage.

- Les autres jours, retour au régime normal.

En Japón, con mi adjunto Boro Primorac y el traductor, Go Murakami, cuyo puesto de trabajo logramos salvar.

Con el equipo de Japón después de nuestra Copa del Emperador de 1996. De izquierda a derecha, de pie, figuran: Boro Primorac, Takafumi Ogura, Yasuyuki Moriyama, Alexandre Torres. En primera línea: Franck Durix, Yusuke Sato, Dragan Stojković, Tetsuya Asano, Tetsuya Okayama, Takashi Hirano.

Con mi hija Léa.

Con Annie y Léa.

Con Tony Adams, en 1998, cuando conseguimos el doblete para el Arsenal: la Copa de Inglaterra y la Premier League.

Con Patrick Vieira y los tres trofeos: la FA Cup, la Premier League y la Community Shield en 2002.

Junto a los hinchas.

En invierno, en estado de desesperación.

Con Thierry Henry.

Con Cesc Fàbregas.

L'Équipe Magazine, 14 de abril de 2001.

L'ÉQUIPE

MERCREDI 24 FÉVRIER 1999 LE QUOTIDIEN DU SPORT ET DE L'AUTOMOBILE ★ 53e ANNÉE — N° 16 423 — 4,90 F

N MATCH POUR L'EXEMPLE

que la qualification d'Arsenal (2-1) contre Sheffield, il faut surtout retenir le déroulement de ce match rejoué après une intervention
rsène Wenger, qui n'avait pas supporté de voir son équipe s'imposer sur un coup douteux. Un comportement à méditer et à suivre.
(Page 3)

L'Équipe, 24 de febrero de 1999.

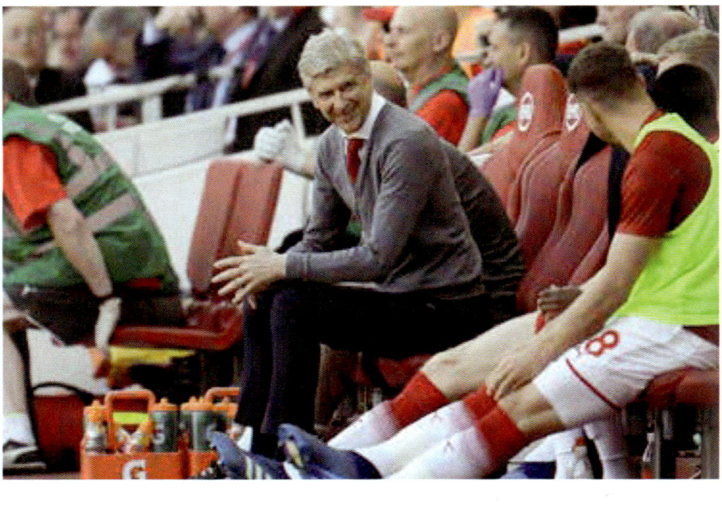

Con la reina en Buckingham, entre Peter Hill-Wood y Ken Friar.

Durante las obras del Emirates y dentro del nuevo estadio.

Tras ganar la FA Cup de 2014 en Wembley. Se distingue a Bacary Sagna, Olivier Giroud, Per Mertesacker, Thomas Vermaelen, Mathieu Flamini...

En 2017, tras nuestra victoria ante el Chelsea en la final de la FA Cup.

Celebración por la conquista de la Copa de Inglaterra de 2017.

La hora del adiós.

MERCI
ARSÈNE
WE'LL MISS YOU TOO

Merci Arsène
Merci Arsène

6

Una vida en el Arsenal

Mi atracción por Inglaterra y mi pasión por el fútbol inglés vienen de lejos. Llegué al Arsenal el 1 de octubre de 1996, y aquel encuentro me cambió la vida. El Arsenal iba a convertirse en mi pasión, mi obsesión, e iba a devorar toda mi energía. Vivía en Londres y solo veía el centro de entrenamiento y el estadio.

Hay que remontarse muchos años para entender la fuerza de aquel encuentro, la importancia del club, aquel giro en mi vida. Es como si me hubiera estado preparando desde la infancia para vivir en Londres, para no vivir más que para el club, para entregarme por completo a él años después.

Tengo siete, ocho, nueve años, he crecido en un pueblecito de Alsacia y ya no pienso más que en el fútbol. En el televisor de la escuela, más tarde en la cafetería y después en casa, vemos finales de la Copa en el mítico estadio de Wembley. La televisión todavía es en blanco y negro, el balón destaca: blanco sobre un césped que parece muy bonito, cortado y cuidado a la perfección (mientras que nosotros todavía segamos la hierba del terreno de juego de un modo grosero, con nuestros caballos tirando de un cortacésped). Es un recuerdo deslumbrante: para mí, la imagen del gran fútbol es esa. Creo que de niño me prometo correr sobre esa hierba algún día, pero es una promesa que no les cuento a los demás, por supuesto, ni siquiera a mí mismo: Inglaterra y Wembley parecían pertenecer a otro planeta. Es fácil imaginar lo que pude sentir mucho después, a los dos años de mi llegada al Arsenal, cuando llevé a mi equipo por primera vez a Wembley, en ese tránsito del vestuario al terreno de juego. Por dentro me parecía increíble. De repente, había cumplido mi sueño y la idea que me había hecho del fútbol se encarnaba: la intensidad del acontecimiento, el fervor de los hinchas, la perfección de la hierba, la hermosa tensión de los jugadores, el balón blanco. Estaba todo allí. Disputé en aquel estadio mítico ocho finales de la Copa de Inglaterra (siete victorias), así como nueve finales de la Supercopa (ocho ganadas). Cada vez suponía una emoción intensa. Revivía la fascinación de ese niño frente a una pantalla en blanco y negro.

Asimismo, mi estancia en Cambridge a los veintinueve años fue decisiva. No habría llegado a ser entrenador del Arsenal sin aquellas tres semanas que pasé solo en una ciudad inglesa. Nada me obligaba a pasar las vacaciones así, pero estaba decidido a hablar inglés, presentía la importancia que iba a tener y, sobre todo, no me imaginaba una vida sin hablar otras lenguas. Fui, y aquella decisión cambió mi vida.

Un amigo me acababa de decir: «Ve a Cambridge, allí podrás estudiar mejor». Tomé el avión, después el tren, sin direcciones de alojamiento ni de escuelas de inglés. Al llegar a Cambridge, fui de puerta en puerta en busca de una habitación en la casa de algún lugareño. Tuve suerte: una mujer me acogió y me recomendó una escuela donde no me pondrían pegas para inscribirme y pasar las pruebas al día siguiente. Me metieron en un grupo de nivel medio. Estaba rodeado de adolescentes, pero ¡resultó que mi profesora era mi anfitriona! Fue mi hada madrina durante toda mi estancia. Pasé esas tres semanas estudiando mucho. Quería estar cómodo, lograr el mejor nivel posible. ¡Deseaba que mi profesora-anfitriona estuviera orgullosa de su alumno!

De regreso a Estrasburgo, había trabajado tanto en mi inglés que no quería perderlo: leía libros en inglés y apuntaba todas las palabras que no sabía para buscarlas en el diccionario. Llevo años haciéndolo. He leído novelas, pero también libros de investigación, de ciencia y de gestión. Me ha resultado muy útil. Hoy en día, mi hija, que creció en Inglaterra y asistió a una escuela pública hasta los once años, y después al liceo francés, estudia en Cambridge. Está terminando un doctorado en neurociencia. Voy a verla con frecuencia.

He buscado la casa de mi anfitriona, aquella mujer que tan amablemente me acogió y que me dio buenas lecciones de inglés, pero el recuerdo es demasiado borroso y todavía no la he encontrado. Ella también cambió mi vida.

Y

Quien me trajo al Arsenal fue David Dein. Su padre era sastre, y él había hecho fortuna en el comercio del azúcar y del café. Cuando lo conocí, en 1989, era vicepresidente y principal accionista del club que llevaba en el corazón. Había sido vicepresidente de la federación y una de las cinco personas que habían creado la Premier League. Yo estaba en Turquía unos días, disfrutando de las vacaciones de Navidad. Había ido para ver un partido del Galatasaray, rival al que pronto nos enfrentaríamos con el Mónaco. El partido se celebró en Konya el 31 de diciembre, y esa misma noche dormía en Ankara. En vez de volver a Niza, decidí ir a Inglaterra para ver otro partido. Llamé al agente de Glenn Hoddle y le pedí que me buscara un partido interesante. Al día siguiente, el 1 de enero, decidí tomar un vuelo a Londres. Y así vi mi primer partido en Highbury: Arsenal-Norwich. El Arsenal ganó, pero lo que guardo en la memoria de aquella noche no fueron los goles. Por entonces, el Arsenal era un club muy tradicional. De hecho, las mujeres y los invitados estaban agrupados en una sala diferente a la de los directivos. Yo fumaba. En el descanso, una amiga de la mujer de David Dein me dio fuego. Hablamos de modo informal. Así, gracias a un cigarrillo, al inglés aceptable que aprendí en Cambridge y a aquella conversación, acabé esa misma noche de invitado en casa de David Dein. Él me dijo: «Hablemos de fútbol». Recuerdo sobre todo una noche muy animada, con risas y juegos, algo así como charadas. ¡Y no me desenvolví demasiado mal! La amistad, la complicidad y la armonía que hay entre David y yo vienen de esa primera cena y de todos los momentos en los que nos hemos vuelto a ver. David tenía un barco en el puerto de Antibes llamado *Take it*

Easy (solía bromear sugiriendo que debería llamarlo *Take it Please*, por el dineral que le costaba), y cada vez que venía a la Costa Azul pasábamos muy buenos momentos juntos. Venía al estadio Luis II a ver los partidos. Era muy curioso y le gustaba el fútbol tanto como a mí. Se daba cuenta de que en el Mónaco practicábamos un fútbol muy diferente al del Arsenal, y eso le intrigaba. Se preguntaba si aquel fútbol podría exportarse a Inglaterra. Pasábamos horas hablando del juego, de un partido en concreto, de la evolución del deporte y de nuestro trabajo. El fútbol inglés de entonces no recibía ningún dinero de la televisión, y los buenos jugadores se iban al extranjero, como Glenn Hoddle al Mónaco. Era un fútbol directo, sin florituras, comprometido. Se puede decir que era un deporte local, con equipos compuestos casi exclusivamente por jugadores ingleses. Además, era un fútbol codificado, ritualizado. Los clubes pertenecían a gente inglesa adinerada, a familias que se los legaban de padres a hijos y que respetaban mucho las tradiciones. Para ese fútbol inglés eran fundamentales la belleza y el *fair-play*. Gracias a David Dein y al Arsenal, descubrí sus ritos, sus códigos, la fiebre en las gradas, sus clubes sin entrenadores extranjeros y con jugadores que todavía ganaban poco dinero.

En 1994, abandoné Mónaco después de siete años. En ese momento, el Arsenal acababa de prescindir de su entrenador, George Graham (que había moldeado el club y construido el equipo) por razones que yo ignoraba. David Dein me pidió que me reuniera con Peter Hillwood, presidente del club desde 1982, sucesor de su padre Denis y de su abuelo Samuel. Cenamos juntos antes de que me fuera a Nagoya. Creo que estaba tanteando el terreno, pero aún no estaba preparado para contratar a un extranjero. Bruce Rioch sucedió a Graham. Pero la cosa no fue bien, quedaron a mitad de la tabla en 1996. Peter Hill-Wood, David Dein y Danny Fiszman, que era director del club y uno de sus mayores accionistas, vinieron a verme a Japón. Esta vez me hablaron de su firme deseo de contratarme. En cuestión de una hora, estábamos de acuerdo en todo.

Aquella hora marcaría mi destino.

¿Acaso era consciente del inmenso desafío que iba a ser para mí? ¿Que ese club iba a dármelo todo y que yo a su vez le entregaría todo mi tiempo, toda mi energía, toda mi pasión durante veintidós años, que el Arsenal sería, a fin de cuentas, mi hogar? ¿Que todos los años pasados desde Estrasburgo hasta Nagoya me habían preparado, en cierto modo, para el reto? ¿Que allí, más y mejor que en ningún otro sitio, podría aplicar mi visión de la gestión y seguir ayudando a crecer al club?

Una nueva temporada había comenzado para el Arsenal, pero yo seguía en Japón para cumplir con mi compromiso de no dejarles sin entrenador. En mi ausencia, el equipo fue entrenado por Pat Rice, mi futuro ayudante, un antiguo jugador del Arsenal. Desde Japón intentaba encargarme de los fichajes. Así logré traer a Rémi Garde y a Patrick Vieira. No eran titulares, pero habían empezado la temporada sin mí.

Los llamaba todas las semanas, y también a Pat y a David, y recibía las cintas de todos los partidos. Con la diferencia horaria, me daba la impresión de que trabaja las veinticuatro horas del día, como si me estuviera preparando para el trabajo que iba a asumir en el Arsenal y que iba a llenar todos mis días y cada una de mis noches.

Seguía en Japón, pero también estaba concentrado en mi trabajo de Inglaterra. Poco a poco, era consciente de todo lo que iba a tener que hacer, demostrar, imponer y enseñar. Los dirigentes estaban dispuestos a dejarme transformar el club. Sabían que yo tenía ideas diferentes y que la llegada de un perfecto desconocido, un extranjero venido de Japón, iba a provocar turbulencias, escepticismo y mucha oposición. En cierto modo, se la jugaban mucho más que yo. Por mi parte, sabía que la acogida sería fría. Siempre es así con cualquier entrenador nuevo. De hecho, parte de su trabajo es imponerse progresivamente mediante los resultados y la transmisión de una serie de valores. Combatiría el escepticismo con mi poder de convicción, mis ideas, mi capacidad de adaptarme al equipo, de sacar lo mejor de él. No obstante, la hostilidad vivida fue mayor de lo que podía imaginar. Tanto los directivos del Arsenal como yo tuvimos que lidiar con ello.

Al salir de Japón rumbo al Arsenal, cambiaba de continente, de mundo, de club, de cultura. Me disponía a vivir la primera temporada en un hotel, a plantarles cara a unos jugadores magníficos pero escépticos, a enfrentarme a rumores malintencionados, a atravesar un campo de minas. Hoy sé que todo aquello valió la pena. Sacaba fuerzas de mi pasión: una forma de felicidad inconsciente que me permitía concentrarme en el próximo partido, en los jugadores y en el interés de lo que yo ya consideraba mi club.

Después de Japón y desde que empecé a entrenar con ellos en el club, tuve el respeto de los jugadores. Era un equipo de hombres experimentados, formados en gran medida por George Graham. Eran inteligentes, entregados a la tarea y dispuestos a comprometerse totalmente. Era una generación que no había ganado demasiado dinero, que había desarrollado su carrera en un solo club y que, cuando firmaban el contrato, lo daban todo por su equipo. Eran hijos de familias modestas, resistentes, orgullosas, impregnados de la cultura y las tradiciones del club. Estaban muy unidos: solían salir juntos. Y, aunque no siempre respetaban las reglas del entrenamiento invisible, notaba su compañerismo. Estoy hablando de hombres como David Seaman, Tony Adams, Ray Parlour, Paul Merson, Martin Keown, Nigel Winterburn, Steve Bould, Lee Dixon…

También descubrí el sentido de identidad y la memorable historia del club, que se transmitía de generación a generación.

El primer equipo del club nació en 1886 y estaba compuesto de obreros de la manufactura de armas del Arsenal Real, situado en Woolwich. Los empresarios Henry Norris y William Hall compraron el club en 1910 y lo trasladaron en 1913 a Highbury, al norte de Londres (a su mítico recinto), cargado con su impronta de historia y de aquellos que dejaron su huella, sobre todo Herbert Chapman, el entrenador que llevó al Arsenal a lograr su primer título de campeón en 1931. Cuando fiché por los *gunners*, descubrí la historia de este hombre, sus innovadoras técnicas, cómo utilizaba la fisioterapia, sus reflexiones sobre el encuadre técnico, las camisetas numeradas y las botas modernas. Incluso dio el nombre de Arsenal a una estación de metro. Me encantaba su compromiso. Quienes trabajaban en el club conocían su vida y su historia, incluida su salida del equipo, fruto de un malentendido económico.

Poco a poco, comprendí en qué consistía la identidad del Arsenal y de sus seguidores: era un club muy respetuoso con la tradición en que lo importante era comportarse con clase. No obstante, no se cerraban a las innovaciones. El club estaba anclado a la vida social del barrio, con una base muy popular y activa. Sus seguidores abrazaban sus valores. El apego visceral por el club, por el equipo, empezaba en la infancia. No he visto algo tan intenso en ningún otro sitio. Para cada hincha, el primer partido en Highbury era como un bautismo. Los seguidores se podían tatuar dos cosas: el nombre de su club y el nombre de sus hijos. Las parejas en las que un miembro era del Arsenal y el otro del Tottenham no se hablaban durante el fin de semana. Recuerdo la historia de unaficionado que un día evitó que un hombre se suicidara en el metro de Londres, actuando como un héroe y poniendo en riesgo su propia vida. Cuando el otro tipo estuvo a salvo, el hincha se metió en el primer metro que pasó, pues el partido había empezado y no quería llegar tarde. Creo que esto lo dice todo del espíritu del Arsenal.

El primer partido del Arsenal al que asistí fue en el estadio del Borussia Park el 24 de septiembre de 1996. Nos enfrentábamos al Mönchengladbach. Yo estaba allí como observador, pues todavía no era el entrenador oficial. Acompañaba a David Dein y vimos el partido desde la tribuna. En el descanso, el equipo se reunió y yo bajé a los vestuarios. Pat Rice me pidió que hablara con los jugadores y decidí modificar la defensa y sacar a Tony Adams, el capitán del equipo. Este se sorprendió. Incluso puede que se molestara. Y perdimos el partido. Podría haber deseado un primer contacto mejor, pero me sentía estimulado por todo lo que había en juego, por el desafío colectivo al que nos enfrentábamos.

En Inglaterra, el Arsenal cargaba con la fama de ser el «*boring Arsenal*», de practicar un juego lento, de que solo estaban interesados en el resultado: se acercaban a la portería contraria, marcaban y el resto del tiempo se dedicaban a defender. Y aunque he de decir que era una reputación exagerada, quería cambiar el estilo, proponer un juego creativo apoyándome en una mayor solidez técnica.

Los equipos que dominaban la Premier eran el Manchester United, el Newcastle y el Liverpool. Cuando llegué, Everton, Arsenal, Blackburn Rovers y Tottenham íbamos tras ellos. Había visto muchos partidos del equipo en Japón, pero por fin podía basarme en un partido que había viso en vivo. Podía medir la calidad del conjunto y organizarlo, aumentar su nivel. También comprendí que el equipo estaba muy unido y que no debía unirse contra mí.

Algunas semanas más tarde, ya no estaba en la tribuna: llegó mi primer partido como entrenador; fue el 12 de octubre de 1996 contra el Blackburn. Ian Wright marcó dos tantos. Ganamos. Cuando íbamos al estadio, los jugadores cantaban: «¡Queremos comer Mars!». Yo había empezado a trabajar y a aplicar mis ideas, sobre todo en materia de alimentación. Para los jugadores el cambio fue muy grande, tanto por los métodos de entrenamiento como por las sesiones más regulares, las comidas en común, la educación alimentaria y la preparación para el esfuerzo muscular.

Sabía que tenía que avanzar con pasos pequeños para hacerme con el control del equipo de forma progresiva, actuando con psicología y diplomacia, pero sin renunciar a mis ideas. También sabía que se esperaba de mí que diera un giro radical. Al igual que la prensa, que me había presentado como «*Arsène Who?*», los jugadores tenían derecho a preguntarse qué podía aportarles yo. La primera victoria resultó esencial. De entrada, me permitió cargarme de razón y reforzar mi legitimidad como entrenador.

Era un equipo de treintañeros que resistían bien el dolor, pero debía adaptar los entrenamientos a sus posibilidades, pues ya habían dado bastante de sí. Eran competitivos y ganadores. Cuando les hacíamos radiografías de las rodillas o de los tobillos, los médicos nos decían que algunos de los futbolistas tenían que haberse retirado hacía tiempo. Pero ellos querían seguir y su tesón los empujaba a progresar y seguir compitiendo. Luchaban por lo que creían y contra sus carencias. Les gustaba más competir que entrenar. Intenté hacer que las sesiones de entrenamiento fueran más atractivas. Les insistía en que, si creían en la idea, podrían prolongar su carrera. Para conseguirlo, tenía que lograr que renunciaran a sus malos hábitos. Y los tiempos estaban de mi parte. En el club había una gran cultura del alcohol, pero en la Inglaterra de las décadas de 1990 y 2000 era algo que se quería cambiar. Se había puesto en marcha un movimiento de higienización de la sociedad, y todo el mundo en el club entendía lo necesario que era hacer cambios importantes.

Tony Adams era el mítico líder del equipo. Estaba en periodo de abstinencia y requería atención. Tenía autoridad sobre los compañeros e incluso sobre los adversarios. Comprendía como nadie el juego defensivo, siempre se adelantaba, era inteligente, luchador, y poseía una mezcla de certezas y de dudas enorme. También estaba rodeado de defensas sin igual, como Dixon, Winterburn, Bould y Keown. Tony tenía muchos problemas físicos. Estaba desgastado y no le gustaba entrenar. Dudaba que pudiera siquiera ser la sombra de lo que había sido, pero el día del partido siempre daba la cara. Le enviaba con frecuencia al sur de Francia a ver a Tiburce Darou para recibir curas y sesiones de preparación física.

También estaba David Seaman: el atlante, el hombre elegante, tan querido por sus compañeros, el portero más mítico junto con su mentor Bob Wilson. David era de constitución pesada, pero tenía un físico privilegiado.

Y Dennis Bergkamp, el gran ídolo del club, un perfeccionista al que jamás he visto descuidar un gesto técnico, que había llegado un año antes que yo. El Arsenal se lo había comprado al Inter de Milán. Su primera temporada fue difícil, pero yo sabía que era un jugador excepcional, que había que nutrirle de balones para que pudiera mostrar todo su talento. Dennis era un futbolista excelente: veía la jugada antes que los demás, decidía rápido y ejecutaba con perfección y elegancia.

También cabe destacar a Ian Wright, un goleador extraordinario y a veces incontrolable para su entorno, pero también, y sobre todo, para sus adversarios.

Quise incorporar a jugadores nuevos cuya inteligencia y grandes cualidades ya había descubierto cuando aún estaba en Japón. Deseaba contar con jóvenes fichajes capaces de integrarse en el grupo y de responder a la intensidad que exigía la Premier League. En un primer momento, traje a Patrick Vieira y a Rémi Garde. Un año después, a Emmanuel Petit y a Gilles Grimandi.

Patrick Vieira vino del AC Milan justo antes de firmar con el Ajax de Ámsterdam. Logré persuadirle, así como a sus agentes Marc Roger y Jean-François

Larios. Me había dado una impresión excelente cuando era un joven jugador del Cannes y yo entrenaba al Mónaco. El Milan le dejó marchar. Y él confió en nosotros. Desde el primer partido, cuando los ingleses todavía no lo conocían, mostró todo su talento. Nadie lo criticó. Su incorporación me dio prestigio y me concedió credibilidad sobre el equipo para trabajar en el sentido que yo quería. Con Emmanuel Petit, formó un tándem cuyo juego permanecerá indeleble en la memoria de los hinchas del Arsenal. Y, en cierto modo, el club los dio a conocer y les cambió la vida, pues a partir de ahí los convocó la selección francesa, donde pudieron mostrar al mundo su inmenso talento. Cabe recordar el gran papel de Emmanuel Petit en el Mundial de 1998.

Por otro lado, está el caso de Rémi Garde. Había jugado en el Lyon y en el Estrasburgo, y me parecía excelente. Se lesionaba con frecuencia, cosa que, por desgracia, también le pasó en el Arsenal. Era veloz, bueno en los duelos y una formidable influencia para el equipo.

Emmanuel Petit y Tony Adams se entendieron bien. Compartían la misma sensibilidad, eran igual de competitivos y no dejaban de superarse a sí mismos.

A lo largo de mi aventura londinense, llegaron unos cuantos jugadores al club que marcaron su historia.

Entre ellos, puedo destacar a:

- Freddy Ljungberg, mediapunta, un ganador extraordinario.

- Gilberto Silva, la fuerza tranquila, la clase y la humildad al servicio del equipo.
- Andreï Arshavin, un regateador creativo y genial.
- Aaron Ramsey, que llegó a los diecisiete años y que sufrió una grave lesión a los dieciocho, pero que disfrutó de una gran carrera en el Arsenal gracias a su energía y creatividad.
- William Gallas, defensa intratable y goleador en los momentos decisivos.
- Bacary Sagna, defensa indomable que se convertiría en un jugador clave.
- Thomas Vermaelen, defensa central procedente del Ajax de Ámsterdam, traspasado más tarde al Barcelona; capitán del equipo y de un comportamiento irreprochable.
- Serge Gnabry, delantero completo, con un gran porvenir y que acabó firmando con el Bayern de Múnich en circunstancias no demasiado claras.
- Theo Walcott, una bomba explosiva; un jugador muy inteligente a la hora de controlar el balón; desgraciadamente, las lesiones mermaron su progreso.
- Per Mertesacker, alma del equipo y del vestuario con una progresión inagotable.
- Lukasz Fabianski, portero de talento singular cuya sensibilidad fue, en algunas ocasiones, un obstáculo.
- Gaël Clichy, lateral izquierdo procedente del AS Cannes. Su irreprochable actitud hizo que no dejara de progresar.
- Kieran Gibbs, formado completamente en el club;

lateral izquierdo de enorme talento, rápido, con una gran técnica, pero falto de la confianza necesaria.

- Francis Coquelin, centrocampista defensivo, buen recuperador de balones que mejoró mucho desde el punto de vista técnico a lo largo de su carrera.
- Wojciech Szczensny, joven portero formado en el club; gran talento que llega ahora a la madurez.
- Pascal Cygan, procedente del Lille; defensa central zurdo que tuvo una buena carrera en el club.
- Philippe Senderos, defensa central suizo cuya actitud fue ejemplar y que participó de la famosa epopeya de 2006 en la Liga de Campeones.
- Nwanko Kanu, el genio nigeriano, creativo, técnico y valiente; un chico al que todo el mundo admiraba.

Desde que empecé a trabajar a tiempo completo en el Arsenal, pensé en qué se podía hacer para mejorar. Llevaba una vida de monje, dedicado al club en cuerpo y alma. Era el principio de veintidós años apasionantes.

Desde mis comienzos en Alsacia, mi formación había sido una sucesión de enseñanzas, de aprendizajes, de lecciones. Soportar las derrotas lo mejor posible, ganar un partido, seleccionar y formar a los jugadores y un equipo, dotarle de un estilo propio, ganar un título, abandonar el club... Todo eso lo había hecho sobre la marcha.

Tras tantos años de pasión y del inherente placer que conlleva el darlo todo, a veces había momentos de sufrimiento y de soledad con los que, en ciertas circunstancias, era difícil lidiar. Pero qué duda cabe: todo arte implica sufrimiento y esfuerzo. Hoy en día, se le da una gran importancia a las victorias, a las derrotas, a las frases pequeñas. A menudo, se olvida un poco la ingente cantidad de trabajo que hay detrás de cada partido. Con el Arsenal, yo estaba dispuesto a pagar el precio con creces, y los años me mostraron que fue así. Quería ponerme a las órdenes del fútbol. Al llegar a Inglaterra, con cuarenta y siete años, ya tenía cierta madurez y contaba con la suficiente confianza como para afrontar las dificultades. Me sentía más comedido, más tranquilo. Sabía que tendría que tomar decisiones difíciles, lidiar con grandes desafíos y superar muchas pruebas. Pero era fuerte, mucho más que cuando estaba en Mónaco o en Japón. Me enfrentaría a lo que fuera.

Por supuesto que entendía las reservas que podía suscitar mi elección como hombre fuerte del club. Los titulares de «*Arsène Who?*» y las preguntas que pudieran hacerse los jugadores y los hinchas me parecían legítimas. Podía contestar con la fuerza de mi trabajo, de mi compromiso y de mis convicciones. Pero ante la hostilidad pura, las mentiras, los alegatos inmundos, la difamación y el acoso no podía hacer nada, aparte de dejar pasar la tormenta.

Según tengo entendido, todo procedía de un periodista de radio forofo del Tottenham. Presuntamente, se me había visto en todos los lugares de mala fama y en situaciones rocambolescas. Incluso, decían, los periódicos tenían fotos mías comprometedoras. Boquiabierto, les pedí que, por favor, las mostraran.

Todavía vivía solo en un hotel; mi compañera, Annie, se había quedado en el sur de Francia. En el comedor del desayuno, siempre había a mi alrededor mucho espacio y muchas miradas desconfiadas. Como suele suceder en esos casos, hubo periodistas objetivos y otros que ni siquiera se merecen que los mencione. Incluso algunos llegaron a interrogar a mi familia, a mis antiguos compañeros de equipo, a jugadores de clubes donde había estado, e incluso hubo gente que fue a Roquebrune-Cap-Martin a esperar que mi compañera se ausentara para interrogar a su hijo (que entonces tenía doce años) y preguntarle cómo me comportaba con él, qué tipo de padrastro era. Resultaba intolerable. ¿Acaso el mundo se había vuelto loco? ¿Cómo podían escribir tales mentiras sin tener pruebas, faltando tanto a la verdad, solo para ensuciar a un hombre por desprecio a lo que pudiera hacer? Sentía mucha rabia. Pero, a veces, es la suerte que se corre cuando eres un personaje público.

Estos periodistas no se detuvieron ahí: a continuación, publicaron (aprovechando uno de mis viajes a Alsacia) que había dimitido y que había vuelto a mi tierra. Cuando regresé a Londres, el taxista que me llevaba a las instalaciones del Arsenal pareció sorprendido de verme de vuelta. Luego, en el club, un miembro del equipo de prensa me recibió avergonzado: «¿Por qué no me dijo nada de su dimisión?».

Yo estaba atónito. Convoqué una rueda de prensa improvisada en la escalinata de Highbury. Les dije que no tenía miedo, que estaba dispuesto a enfrentarme y refutar mentira tras mentira, que solo me importaba el club.

Pasó algún tiempo y se publicaron más mentiras. Después de un partido, ante otros periodistas y nuevas preguntas, tuve que alzar el tono y repetir mi fe en el fútbol y mi convicción de que Inglaterra no era un país capaz de aceptar un linchamiento como aquel, que para mí los ingleses eran gente decente y respetuosa, y que no tenía nada que ocultar. Entonces, de pronto, todo paró, del mismo modo inesperado y brutal que había empezado.

Lo repito: dentro del club y con los jugadores me sentía como en casa. Tenía la total confianza en David Dein, y los futbolistas no se permitían pronunciar ni una sola palabra de tales asuntos. Sin embargo, fuera del club no podía imaginar un recibimiento más duro. Ignoré los insultos y las calumnias. Con el tiempo, este periodo terrible me sirvió de lección: reforzó mi determinación y mi energía en el trabajo. Aguanté a pesar de lo violenta que fue aquella situación. Intenté que aquel obstáculo no me desestabilizara, ni a mí, ni a los jugadores, ni al club. No quería que cercenara mi optimismo ni mis valores, y lo conseguí. También intenté entender por qué había pasado todo aquello: ¿acaso ser extranjero, un desconocido, lograr un puesto codiciado o levantar ciertas envidias podía explicar una reacción así? ¿Acaso el mundo del fútbol encerraba tanta violencia dentro de sí? ¿O la culpa es precisamente de aquellos que no pertenecen a este mundo y que solo se dedican a comentarlo? No tengo respuesta. Estuve solo durante aquellas interminables semanas. Vivía solo, pues Boro todavía no había llegado de Japón, Annie aún no se había instalado conmigo, y mi familia y mis amigos estaban en Francia. Todos ellos no se imaginaban por lo que estaba pasando. En esas circunstancias, solo pude contar conmigo mismo, lo cual resultó también una lección.

Cuando las calumnias de los periodistas acabaron, encontré cierta serenidad, pero seguía en guardia. Otra valiosa lección que intento transmitir: la desconfianza debe ser constante en nuestros trabajos. Cuando hablamos con los jugadores, con los periodistas, con los hinchas, hay que cuidar las palabras y los gestos. Así abordaba las ruedas de prensa. Sabía qué me podía esperar, tras haber pasado por lo peor. La clave de la rueda de prensa es responder manteniendo la prudencia. Hay que velar sobre todo por proteger al club y la unidad del grupo. Y la prensa, cada vez más frecuentada por los entrenadores en el mundo del fútbol (cuando dejé el Arsenal había seis o siete ruedas de prensa a la semana, por no hablar de las entrevistas a la televisión del club), me reconoció una cualidad: yo respondía con sinceridad, con la máxima autenticidad, sin esconderme nunca.

Cuando hablamos a la prensa, también hablamos con nuestros jugadores, nuestros seguidores y nuestros dirigentes.

Aquella historia me permitió proteger a los futbolistas de los asaltos de la prensa y de ciertas situaciones complicadas. Algunos se veían envueltos en problemas relacionados con el alcohol o las chicas.

Sé que hay que enfrentarse a esto con dignidad, ser siempre justo en las reacciones y no pensar más que en los objetivos que se quieren alcanzar. Los estados de ánimo deben pasar a segundo plano. Si se guarda rencor, se pierde lucidez y energía.

El club fue fuerte, y yo también.

Teníamos que superar grandes desafíos: transformar el equipo, unir a los jugadores viejos y a los jóvenes, subir el nivel, mejorar técnicamente. Y transformar el club. Contaba con el apoyo de David Dein (con el que tenía una gran complicidad) y de mi adjunto, Pat Rice (un hombre dedicado a un club, su club, que conocía a la perfección). Íbamos a los entrenamientos por la mañana; por la tarde, me acompañaba al despacho, que estaba a una hora de coche. Mi vida en Londres gravitaba entre el centro de entrenamiento, la oficina y el hotel, al que sustituí más tarde por una casita con un típico jardín inglés: una vivienda discreta donde me siento infinitamente bien. Esos han sido los tres polos de mi vida en Londres. En realidad, durante años la ciudad fue una extraña para mí. Podría decirse que no vivía en Londres, sino solo en el Arsenal.

El primer año, el gran desafío para el club fue encontrar otro centro de entrenamiento. ¡Los terrenos en los que entrenábamos pertenecían a la universidad! No eran propiedad del club y había que pedir autorizaciones para todo. En mi opinión, nuestra infraestructura estaba veinte años anticuada, cosa que no encajaba con el gran club que queríamos ser. Durante un año, todos los domingos, David y yo buscamos un lugar donde construir ese nuevo centro de entrenamiento, pero, al final, quien lo encontró fue Ken Friar, el histórico dirigente del club. Todos los días fui a la obra hasta que se inauguró, en 1999. Construimos diez campos. Se convirtió en un espacio moderno, funcional, armonioso. Queríamos ofrecerle lo mejor al equipo. En ese sentido, hasta el menor detalle era vital.

Además de Pat Rice, contaba con Boro, que había regresado de Japón para ser mi adjunto en el Arsenal. Conocía mi forma de trabajar. Se entendía con todo el mundo. Era un hombre humilde, comprendía el juego de un modo excepcional, así como a los jugadores, y se puso al servicio del colectivo. Era un tipo sin defectos con quien podía contar en los momentos difíciles, y hubo muchos. No vivíamos juntos, a diferencia de cuando estábamos en Japón. Su mujer y él tenían una casa propia, pero yo siempre era bienvenido allí, igual que él lo era en mi casa. Venía todas las semanas a ver los partidos. Cuando con el tiempo dejé el Arsenal y estaba solo y triste, iba a desayunar a su casa casi a diario. Una amistad de por vida.

Boro, Pat Rice y yo creamos un equipo ambicioso, riguroso y que pretendía implantar un estilo de juego que todo el mundo pudiera reconocer. En torno al equipo había figuras externas, especialistas que consideraba los mejores de su campo. Eso me permitió mantener una estructura ligera. Traje a un médico, Yann Rougier, especialista de París, apasionado de la neurociencia, la nutrición, la psicología, la neurología y la inmunología. Es miembro fundador del IN2A, el Instituto de Neuronutrición y de Neurociencias Aplicadas. Lo conocí después de mi estancia en Mónaco. A mí me interesaba todo lo que mejorara el rendimiento, más allá del entrenamiento tradicional. Me parecía que teníamos bastante control sobre lo que pasaba en el campo, pero mucho menos fuera: ahí había un margen de progreso extraordinario. Tenemos temperamentos muy diferentes, pero a los dos nos apasiona la ciencia y los experimentos, y llevábamos colaborando desde hacía años con buenos resultados. Él explicaba a los jugadores cómo comer, qué comer, cómo masticar. También a él me lo traje de Japón. En el ámbito de la nutrición, Yann era uno de los pioneros y el mejor para dirigirse a los jugadores. Empezó a elaborar los menús del club. De hecho, circula una broma según la cual yo obligaba a los jugadores a comer brócoli mañana, tarde y noche. No es cierto, sobre todo porque no me gusta demasiado el brócoli. En cambio, sí es cierto que Yann y yo transformamos sus hábitos alimentarios. Por ejemplo, en vez de las famosas barritas con chocolate y los refrescos en el descanso, les dábamos gotas de cafeína en un trozo de azúcar. Por supuesto que al principio pasaban hambre, pero después no, en absoluto. Aquello permitió a los jugadores mejorar su rendimiento y les hizo conscientes de lo importantes que eran los buenos hábitos alimentarios. Con el tiempo, Hervé Castel, un hombre también muy competente, reemplazó a Yann.

Asimismo hice venir a un osteópata parisino, Philippe Boixel, que trabaja con la selección francesa, con los mejores clubes y con los jugadores más importantes. Está formado en kinesiología y osteopatía. Ayuda a los jugadores a recuperarse más fácilmente, a enfrentarse mejor a los partidos y a gestionar de forma más positiva el estrés. Venía al Arsenal dos días a la semana y examinaba a todos los jugadores, las lesiones y los desplazamientos articulares provocados por los golpes recibidos en los partidos.

Y luego fiché a un psicólogo inglés, David Elliott, y también a Tim O'Brien, a David Priestley y al doctor Ceri, que fortalecieron las aptitudes mentales del equipo y de los jugadores.

La estructura ligera hacía que la parcela técnica del club funcionara mejor. Lo volvía todo más humano y generaba un entorno que favorecía el rendimiento y la progresión del equipo. Siempre he procurado apoyarme en los mejores de cada campo y contar con los instrumentos de medición de rendimiento más objetivos. En el Mónaco fui uno de los primeros en promover la herramienta de evaluación de Jean-Marc Guillou para guiar al jugador en su evolución, para ayudarle a fijarse con más facilidad en los puntos que tenía que mejorar. En el Arsenal también fuimos los primeros en firmar con Prozone, la primera empresa que permitía medir el rendimiento físico. Hoy en día, es una práctica habitual.

Todo debía permitir al equipo elevar su nivel de juego, abandonar la zona media de la tabla y conquistar el título.

Después de Patrick Vieira, Rémi Garde y Emmanuel Petit, otro jugador tuvo una importancia determinante para llevar al equipo hasta la obtención de la Championship en 1998. Estoy hablando de Nicolas Anelka.

Cuando lo conocí, jugaba en la cantera del PSG. Yo estaba en Francia para fichar a un joven futbolista del Auxerre. Mis agentes en Francia me hablaron de un joven prometedor, pero que no estaba contento en París y que jugaba poco. Lo conocí. Tenía entre diecisiete y dieciocho años, era tímido y me pareció decidido a irse. Me dijo que quería venir al Arsenal. Yo volví a Londres y esperé: tenía la sensación de que quizá cambiaría de idea y decidiría quedarse en el PSG. Sin embargo, dos meses más tarde, su determinación seguía intacta. Me puse de acuerdo con el PSG y lo compramos. Llegó en febrero de 1997. Había que hacerle trabajar y que completara su formación, tenía que curtirse e integrarse en el grupo. Al principio fue difícil, pero progresó rápidamente.

Para el último partido de la temporada, el 11 de mayo de 1997, nos desplazamos para enfrentarnos al Derby. Preparé la alineación sin él. Antes de subir al bus que nos llevaría hasta el campo, vi que no estaba. Lo encontré en su habitación de hotel haciendo la maleta. No estaba contento, le parecía que no jugaba suficiente y quería volver a casa. Tuvimos una conversación larga que lo iba a cambiar todo. Le pedí que no tirara la toalla, que se impusiera con su juego, no con arranques de rabia, que no huyera ante la primera dificultad. Y conseguí convencerle.

Al día siguiente, a los diez minutos de juego, Paul Merson se lesionó. Hice entrar a Anelka, que fue uno de los hombres del partido. En el vestuario, después de la victoria, lo encontré con la sonrisa de las grandes noches. Le dije que nunca olvidara lo que acababa de pasar en apenas veinticuatro horas. El día anterior había pensado en abandonar, pero un día después todo el mundo lo veía como el hombre clave del equipo.

Después Nicolas se convirtió en una estrella. Pero esa historia me dejó huella. Un jugador puede vivir momentos de gran desaliento, pero todo puede cambiar muy deprisa. Es algo que he comprobado muchas veces a lo largo de mi carrera.

Algunas semanas antes de aquel último partido de la temporada, mi vida cambió: fui padre. Puede que en aquel momento estuviera demasiado ocupado por mi pasión para darme cuenta de lo importante que era aquello, pero el nacimiento de Léa sin duda fue un regalo.

Nació el 27 de abril de 1997 en Mónaco. En cierto modo, me esperó: teníamos un partido contra el Chelsea, lo ganamos y me subí al avión rumbo a Mónaco para estar junto a Annie durante el parto. Annie y Léa vinieron conmigo a Londres a finales de año. De repente, mi vida de soltero dio paso, gracias a nuestra hija, a una vida en familia que hemos intentado proteger lo mejor posible. Annie ha sido extraordinariamente paciente. No es fácil soportar a un hombre tan ocupado como yo, tan apasionado y, por fuerza, un poco egoísta: le ha transmitido a Léa su amor y sus valores, y ha sido una madre formidable. Tenemos una relación de amistad, de respeto. Sé cuánto le debo, sé a todo lo que se ha tenido que enfrentar y sé que vivir con un hombre tan loco por su trabajo, que ha hecho del fútbol su religión, no ha sido cosa fácil para ella. Yo no quería pasar mi vida sin ser padre, quería tener descendencia. Pero tengo remordimientos, como tantos otros padres: no haber estado en algunas situaciones demasiado presente con Léa…, incluso no haber tenido más hijos. Léa tiene a su hermano Kegan y a su hermana Erika. Me gustan las familias numerosas. Recuerdo esas reuniones familiares con mucha gente, con risas y con peleas. Sé que son un gran apoyo para que uno no se sienta verdaderamente solo.

Léa es una joven brillante con un gusto innato por la competición. En clase era tan buena que yo rezaba por que nunca llegara a ver mis notas. De pequeña, cada vez que jugábamos, acabábamos compitiendo, y ella ponía toda su energía en ganarme. Vive sus estudios a fondo, igual que el atletismo, que practica con frecuencia. Ahora está cursando un doctorado en neurociencia en la Universidad de Cambridge y se dedica a la investigación.

Reconozco que Léa era una niña con enormes capacidades y una fuerza de trabajo impresionante. Tuvo una infancia tranquila en la que tratamos de transmitirle el valor de las cosas. Queríamos que fuera curiosa, trabajadora y respetuosa con los demás, y creo que lo hemos conseguido. También es una chica discreta, algo pudorosa (en esto último, ha salido a mí, sin duda). A veces, debió de sufrir por mi ausencia, por nuestra separación, pero nunca me lo ha dicho.

En mi experiencia de padre me tuve que enfrentar a mis miedos y mis dudas, quizá justificadas, de no estar a la altura. Léa, en cambio, ha tenido la suerte de contar con una madre amorosa, dedicada a su familia, que ha consagrado todo su tiempo a ella y ha contribuido con creces a hacer de Léa lo que es hoy.

He procurado mantener a mi hija y a Annie lejos de la parte desagradable de la competición, de las decepciones, de las derrotas (durante las cuales tendía a encerrarme en mí mismo, a analizar todo en silencio, a acallar mi rabia para reemplazarla por elementos objetivos), pero, aun así, ellas han tenido que convivir con el fútbol y con el lugar central que ocupa en mi vida. En ocasiones, eso ha hecho que se enfadaran conmigo, seguro. No obstante, también he procurado compartir con ellas mi tiempo y mis valores. Annie y yo estamos felices y orgullosos de la joven en la que Léa se ha convertido.

La temporada 1997-1998 es la del triunfo. Llegué al club e intenté representar el papel de entrenador experimentado y cumplir con las tres misiones que me parecían esenciales. La primera: influir en el resultado y en el estilo de juego del equipo. La segunda: ayudar a la progresión de cada jugador. La tercera: ampliar la estructura del club y su influencia en el mundo. Me ocupé de la construcción del nuevo centro de entrenamiento, de cada fichaje, de los traspasos de jugadores, de los entrenamientos diarios y de cuándo el especialista de turno se ocuparía de un determinado futbolista. Lo importante, por supuesto, es el estilo del equipo, que se sustenta en tres valores esenciales del club: *be together, act with class* y *move forward*. (Manteneos juntos, comportaos con clase y avanzad siempre.) Una forma de vivir tales valores era comportarse con cierta clase en el terreno de juego, en el banquillo y fuera del campo. En Japón empecé a ponerme traje, y en el Arsenal nunca perdí tal hábito. Había que representar al club, hacer que los seguidores se sintieran orgullosos, ser respetuoso con el adversario y negarse sistemáticamente a caer en la dejadez y en las chapuzas. Los jugadores entendieron la importancia de sentirse bien, de actuar correctamente, y se vestían lo más elegantemente que podían. También había otras cosas pequeñas y aparentemente sin importancia que contaban mucho: antes de cada partido, saludar a todos los clientes del club, a los patrocinadores, estar con ellos en las recepciones y en las reuniones, decorar las salas con flores de los colores del club al que nos enfrentábamos. Buscábamos sin descanso la excelencia y mantener un estilo propio.

Asimismo, era importante instaurar una cultura del rendimiento, que exige que el líder de los jugadores se haga las preguntas fundamentales citadas antes.

¿Cómo puedo ser mejor?

¿He alcanzado mi máximo potencial?

¿Qué debo hacer para alcanzarlo?

Sin duda, estos parámetros son la clave de todo éxito: para que el jugador se conozca mejor, identifique sus fallos, entienda cómo superarse y alcance el nivel más alto. Los futbolistas tenían una equilibrada y sorprendente mezcla de inteligencia y motivación. Sabía que podía contar con ellos, con Tony Adams, David Seaman, Lee Dixon, Ian Wright, Dennis Bergkamp, Marc Overmars, David Platt, Ray Parlour, así como con los franceses que logré atraer: Rémi Garde, Gilles Grimandi, Emmanuel Petit, Patrick Vieira y Nicolas Anelka.

Fue una temporada extraordinaria. De equipo situado en medio de la tabla ascendimos todo lo que pudimos hasta llegar a codearnos con los mejores e imponernos. Fue una generación de jugadores con sed de victoria. A lo largo de mis veintidós años en el Arsenal, comprendí también que su ambición no dependía de los títulos. He querido mucho a los jugadores y he sentido por cada uno un profundo respeto: por su historia, su rigor, su fuerza, por cómo se sacrificaban para ser los mejores.

Ese año nos propusimos el gran desafío de conseguir el título. Me convencí de que podíamos ganar y arrastré a los demás en mi convencimiento de que era posible.

Íbamos ocho puntos por detrás del Manchester United. El 14 de marzo de 1998 en Old Trafford ganamos 0-1 con un gol de Overmars (un jugador único), gracias a un gran pase de Anelka. Creo que ese partido lo cambió todo: demostramos que estábamos preparados para el enfrentamiento histórico contra el United. Y que podíamos llegar a plantar cara a ese excepcional equipo. La Premier League podía contar con nosotros.

Durante estos años, he disfrutado de la rivalidad con el United y de la tensión de cada partido. Alex Ferguson estaba dispuesto a morir por su equipo, y yo por el mío. Estábamos enfrentados, él y yo. Un enfrentamiento basado en la competición. Alex Ferguson era un hombre apasionado, muy competente, con una autoridad aplastante en el fútbol inglés gracias a su carácter y al poder de su club. Ejercía una especie de presión inconsciente sobre todo el mundo, incluso sobre los árbitros. Cabe recordar que al tiempo añadido solían llamarlo el *Fergi time!*, pues el United ganaba muchos puntos en las postrimerías del encuentro. Su autoridad estaba ligada sobre todo a la cualidad excepcional de su equipo. Era un hombre respetuoso y con clase. Por supuesto que entre nosotros hubo muchos enfrentamientos, mucha ira, y no era un juego, no lo hacíamos por el espectáculo: era por nuestra vida apasionada y nuestra dedicación total al fútbol. Lo vivíamos todo al máximo y solo pensábamos en la victoria. Evidentemente, sabía que me examinaban cada vez que demostraba mi irritación contra él y sus jugadores; así pues, no me quedaba otra que moderarme. Pero no es fácil controlar tanta tensión. La cosa se desbordaba por un lado o por otro, y esos son los momentos en los que se fijaban los aficionados y los periodistas. Sabía que éramos muy diferentes, que él ejercía una influencia total sobre su club, mientras que yo era más bien solo un entrenador. Conocía también sus inmensas cualidades. Sabía de quién rodearse, no se conformaba con el éxito, era de una pragmatismo muy eficaz que le permitía eliminar cualquier cosa que le impidiera ganar. Ferguson era un gran líder que tomaba buenas decisiones y dominaba el factor psicológico del juego. Nuestra relación ha sido intensa, ha pasado por periodos agitados (también por otros más tranquilos), pero que siempre animó el fútbol inglés. Un año lo ganamos todo, al año siguiente, en 1999, perdimos la semifinal de la FA Cup en la prórroga contra ellos, que se hicieron con el título de la Premier League y la Liga de Campeones. Nuestra rivalidad siempre fue intensa, sentíamos que podía pasar cualquier cosa y que había que duplicar los esfuerzos.

Sea como sea, cuando ganamos el título el 3 de mayo de 1998, tras un 4-0 al Everton, dos jornadas antes del final del campeonato, demostramos a todos, y sobre todo al United, que podíamos ganarlos. Y fue magnífico cuando, trece días después, en el estadio mítico de Wembley, vencimos al Newcastle 2-0 en la final de la FA Cup. Sabíamos que había comenzado una gran aventura, que eso solo era el inicio. Aquel doblete fue maravilloso.

Me sentía superorgulloso del equipo y del club: había estado a la altura de las expectativas de quienes habían confiado en mí, y había respondido a quienes me habían hecho vivir semanas tan difíciles. Un entrenador extranjero y desconocido podía ganarse la confianza de un equipo, transformar los hábitos de sus jugadores, alterar sus vidas, ganar partidos y levantar títulos. Pero yo quería mucho más: los éxitos de ese año me dieron peso, el respaldo que esperaba para trabajar aún más, ser todavía más ambicioso, ofrecer lo mejor al club. Queríamos ganarlo todo.

En 1999 no nos llevamos el título. Sin embargo, nuestro estilo caló.

El 13 de febrero, en la Copa de Inglaterra, nos enfrentamos al Sheffield United en octavos de final. Alan Kelly, el portero del Sheffield United, lanzó el balón lejos para permitir al equipo médico ocuparse de Lee Morris, que se había lesionado. Ray Parlour quiso pasarle la bola a Allan Kelly. Pero Kanu, que acababa de llegar a nuestro equipo, se apoderó del esférico y centró para Marc Overmars, que marcó. El árbitro dio por bueno el gol. Ganamos, y fue un escándalo. Nos reunimos de inmediato en los vestuarios, después del partido. Todos los jugadores estaban de acuerdo en volver a jugar, y el presidente del club también. Tuvimos que convencer a la FIFA, que no quería, pues no había error manifiesto por parte del árbitro. Solo veinticuatro horas antes de que se celebrara el partido obtuvimos la autorización del máximo organismo internacional para volver a jugar. Aquel partido de copa nos había clasificado para la semifinal contra el United, pero nadie dudó en volver a jugar. Eso fue lo más importante. El famoso lema de *Act with class* que tanto nos importa. Aquello unió aún más al equipo y contribuyó a mejorar la imagen del club y la mía. Hoy en día, los valores del juego limpio suelen verse relegados, como si lo único importante fuera ganar. Quien no acaba primero, quien no levanta el trofeo, se queda con la impresión de no ser nada. Pero no es cierto. Dios sabe que me encanta ganar, pero lo que nosotros queríamos era ganar con nuestros valores. Tras volver a jugar aquel partido, actuamos con *fair-play*, cosa de la que estoy más que orgulloso. Sé que el club siente lo mismo que yo. Las victorias que habíamos logrado antes y aquel gesto nos dieron alma.

Para construir un equipo aún más fuerte, fichamos a nuevos jugadores, de cuyo talento pudimos disfrutar muchísimo.

Conocía a Thierry Henry, pues le había hecho debutar en Mónaco. Sabía que era un futbolista precoz, inteligente y brillante. Jugaba en la Juventus, pero las cosas no le iban bien con su entrenador, Ancelotti, que pensaba enviarlo a otro equipo, y Thierry no quería. Yo sentí su malestar. Fui con David Dein a negociar con la Juve. Querían que Anelka fuera a su equipo como intercambio, pero Nicolas se decidió por el Real Madrid. Esperé a que viniera a decirme en persona que quería irse; cuando lo hizo, comenzamos las negociaciones con el Madrid. Lo dejé marchar, pero por supuesto que estaba triste. Creí que era demasiado pronto para él, que sería difícil cargar con un traspaso tan grande sobre los hombros cuando todavía estaba en fase de aprendizaje. Lo que más cuenta en la carrera de un jugador es el club que lo elige y el momento en que lo hace. Después tuve la sensación de que a Nicolas el Real Madrid no le había dado todas las oportunidades, que en cierto modo lo habían boicoteado, pero ya era demasiado tarde.

Conseguimos fichar a Henry, que llegó al club en 1999. Enseguida vimos que tenía algo especial. Le hice jugar poco a poco como eje ofensivo. Sabía exactamente cuándo pedir el balón. Al principio, era un poco patoso y dudaba de sí mismo. Pensaba que no podía marcar. Con la perspectiva del tiempo, a sabiendas de que es «el» goleador incuestionable del Arsenal, el mejor artillero del club, sus inseguridades pueden hacernos sonreír, pero había que aprender a creer en él, debíamos sortear su timidez, su nerviosismo y sus miedos, para que pudiera progresar y ser cada vez más fuerte. La inteligencia, la capacidad de análisis y de comprenderse a sí mismo, de cuestionarse, son rasgos propios de los grandes jugadores. Y él los tenía. Se integró en el equipo rápidamente. Sus compañeros lo acogieron y lo apreciaron por todo lo que aportaba al juego. Para todos, los aficionados y para nosotros mismos, simboliza el periodo dorado del Arsenal.

El año siguiente, el 2000, traje a Robert Pirès y Sylvain Wiltord.

Sylvain jugaba en el Burdeos. Me gustaba su movilidad, su disponibilidad, su sentido de la oportunidad y su trabajo para el equipo. Tenía espíritu de grupo y tomaba buenas decisiones. Le fichamos tras una negociación difícil. Tenía la reputación de estar demasiado al margen, como si fuera un animal salvaje. No era tanto que fuera conflictivo como que no afrontaba los problemas. Sin embargo, con nosotros (y después en el Lyon) demostró que era un jugador inteligente, que comprendía bien el juego, muy bueno en desmarcarse y controlar el balón. Además, su actitud era fantástica. Sylvain hacia respirar al equipo.

Robert Pirès jugaba en el Marsella. Yo le había dicho a Dreyfus que lo quería. Sabía que Pirès quería irse y era consciente de todo lo que podía aportar al equipo y al desafío que yo iba a lanzar próximamente a los jugadores. Era un futbolista de clase mundial, magnífico. Durante algunos años, antes de lesionarse, fue sin duda y de lejos el mejor interior zurdo del mundo. Su técnica era insuperable, era astuto y llegaba bien de segunda línea. Era un *killer*, pero siempre con una sonrisa; un hombre amabilísimo que podía poner el balón donde quisiera. El 23 de marzo de 2002, en Newcastle, hizo un comienzo de partido formidable. Marcó un tanto, pero tras una mala entrada sufrió una lesión horrible. Los médicos le diagnosticaron una ruptura de ligamentos cruzados y lo tuvieron que operar. Fue un auténtico suplicio, tanto para él como para mí. Me odiaba muchísimo por haberlo hecho jugar, por no haberle dejado descansar. Sabía que estaría meses sin pisar el césped, que no disputaría el Mundial. Además, sobre nosotros pendía la amenaza de que no pudiera recuperar su nivel.

Aquel año, el 8 de mayo de 2002, conseguimos otra hazaña: nos enfrentamos al United y, con un gol de Sylvain Wiltord, ganamos y nos proclamamos campeones de la Premier League. Fue una victoria extraordinaria que se convirtió en un recuerdo inolvidable, sobre todo porque cuatro días antes habíamos vencido al Chelsea 2-0 en la final de la FA Cup.

Esas dos victorias contra equipos tan emblemáticos de la Premier League fueron muy simbólicas y significativas, tanto para los hinchas como para nosotros: podíamos ganar trofeos, podíamos rivalizar con clubes como el Chelsea y el United, que tenían muchos más medios y más recursos económicos que nosotros. Sabíamos que debíamos compensar ese déficit con la calidad de nuestro juego y de nuestros fichajes (fijándonos en jugadores que no fueran los más caros de un mercado que teníamos que conocer al dedillo).

Los años 2000 fueron años de apertura del equipo y del club a una estructura internacional. Igual que en 1998 el club era culturalmente inglés, en la década de los 2000 ya era multicultural. Se pueden tener varias culturas, siempre que no sea en detrimento de una compartida. Y ahí es donde la cultura del club interviene y gana importancia. Debe ser clara y aceptada por todos.

Siempre quiero mejorar: es mi modo de entender el trabajo. Quiero ser más preciso, más justo, más fuerte. En 2002, descubrí la profesión de comentarista de televisión. Y, para mi sorpresa, aprendí mucho.

Étienne Mougeotte me contactó y me presentó a Charles Villeneuve, jefe de deportes del canal TF1. De ese modo tuve la oportunidad de trabajar junto a Jean-Michel Larqué, Thierry Roland, Thierry Gilardi y Christian Jeanpierre, que acabó siendo muy amigo mío. Gracias a la televisión pude asistir a grandes encuentros, desplazarme y asistir a los Mundiales y a los grandes campeonatos. Era otra forma de vivir mi pasión, de estar en contacto con los jugadores, los entrenadores y los agentes. Y, sobre todo, me permitía distanciarme en todos los sentidos del término: aquella posición desde arriba, de observador, de comentarista, me enseñaba mucho. Christian Jeanpierre y yo generamos enseguida una gran complicidad. Comentábamos a trío con Bixente Lizarazu, y yo era el que menos hablaba. Tres, sin duda, son multitud. Pero aprendí. Hoy en día, podría hablar mucho más, estaría más a gusto haciéndolo. En esa época temía meterme en la parcela de otros y me parecía muy difícil hablar en caliente, durante la acción. Prefiero el análisis antes o después del partido, como hago en la actualidad en Bein Sports. Además, en 2004 firmé mi primer contrato con Nasser al-Khelaïfi, entonces del departamento de deportes y que ascendería rápidamente todos los escalones dentro de Bein. Está claro que soy un hombre de césped, prefiero la competición, la acción, poner las ideas en práctica antes que manejarlas solo en un plano teórico. Pero me gustaba intentar explicar qué es el fútbol y el juego a los telespectadores. Y está claro que la palabra cuenta, que puede cambiar muchas cosas y que hay que saber utilizarla. Como he dicho muchas veces, un entrenador es un hombre con las ideas claras, que sabe lo que quiere y que lo enuncia sin rodeos. Comentar y analizar partidos me ayudó a precisar mi pensamiento y a transmitirlo. También me sirvió para medir el espacio que iba a tener la televisión en el fútbol: iba a reportar a nuestro deporte muchos más medios, pero, a cambio, estaría siempre presente y reclamaría nuevas contraprestaciones, que se les exigirían a los presidentes, no a los técnicos. Habría que aceptar las nuevas condiciones, pero manteniendo ciertos límites y protegiendo al equipo.

La temporada 2002-2003 no ganamos ningún título. Íbamos segundos detrás del United, pero sentía que estábamos muy cerca de lograr una nueva proeza y de vencer a nuestro gran rival y de dejar huella en la historia del fútbol. Veía a nuestro equipo unido, experimentado, poderoso, en su nivel más alto, con una mentalidad de acero. Éramos una mezcla de veteranos que adoraban la competición y de jóvenes futbolistas que lo tenían todo por demostrar y vivir. No nos faltaba casi nada para ser los primeros, un clic, una pizca de magia.

A finales de la temporada 2002-2003, no habíamos perdido ningún partido fuera de casa, pero terminamos segundos. Les pregunté a mis jugadores por qué no habíamos ganado el título. Me respondieron que les presionaba demasiado, que el objetivo de ganar sin perder un partido les parecía inalcanzable. Para desafiarlos y porque creía en ello, les contesté que podían ganar el campeonato, y que incluso podían conseguir algo mejor que eso: ganar sin perder ningún partido. Convertirse en los «Invencibles» era lo mismo que llegar al segundo puesto del campeonato cuando nadie lo creía posible. Aquello siempre había sido una lección para mí: creer en los objetivos más ambiciosos y empezar a sembrar para recoger uno o dos años después.

Para demostrarles que confiaba en ellos y que estaba seguro de lo que decía, lo hice público en una rueda de prensa: podíamos ganar sin perder. Me daba igual que nos trataran de locos o arrogantes. Siempre había pensado que el objetivo último del entrenamiento es ganar un campeonato sin perder un solo partido. Era una especie de obsesión que siempre iba conmigo. Se puede ser primero de la clase con un ocho, pero no se puede ser el segundo con un diez.

Al principio de la temporada 2003-2004, repetí lo que ya les había dicho: podían ganar el título sin perder. Ese debía ser nuestro objetivo.

Recuerdo a todos los jugadores de aquel equipo excepcional: Patrick Vieira, Gilberto Silva, Ray Parlour, Cesc Fàbregas, Robert Pirès, Dennis Bergkamp, Thierry Henry, Nwankwo Kanu, Ashley Cole, que estaba en la cantera del Arsenal desde los once años y que yo hice debutar, y Jens Lehmann. También había dos defensas que tuvieron una importancia fundamental.

Sol Campbell llegó al Arsenal en 2001. Era la pieza clave de uno de nuestros rivales, el Tottenham, y su contrato con ellos había acabado. Nadie se hubiera imaginado ni por un segundo que pudiera fichar por nosotros. Para preparar su llegada y discutir las condiciones, nos reunimos en casa de David Dein a las once de la noche y estuvimos paseando y conversando desde medianoche hasta la una de la madrugada. Solo estábamos al corriente David, Sol, su agente Sky Andrew, y yo. Evaluábamos el impacto que tendría todo aquello. La noticia del fichaje de Sol Campbell por el Arsenal cayó como una bomba. Jugar con nosotros después de pasar tantos años en el Tottenham no era fácil, hacía falta valentía. Y lo que temíamos, conociendo a los hinchas, su pasión y su furor, ocurrió: su vida en Londres se complicó; tuvo que aguantar carteles que lo tachaban de traidor, de Judas. Sol era muy bueno, un defensa fuera de serie con una calidad excepcional. Su impacto en el equipo fue enorme y nuestras temporadas no habrían sido iguales sin él, pero, como contrapartida, tuvo que soportar un alud incesante de ataques.

A su lado coloqué a Kolo Touré, que llegó un año después que él. Se había formado en la academia de Jean-Marc Guillou de Costa de Marfil. Jean-Marc, a quien conocí en los tiempos del AS Cannes y del AS Mónaco, se había ido a vivir a Costa de Marfil y había fundado una academia de fútbol con la participación de algunos de sus amigos, yo entre ellos. Bautizó la academia con el nombre de su difunto hijo: Johan. Fue una escuela muy importante para el fútbol africano. Jean-Marc aplicó sus inmensas capacidades como entrenador para formar una generación entera de jugadores de Costa de Marfil y de los países limítrofes. Siempre seguí su trabajo, sabía que su preparación era excelente, les daba a sus jugadores una estructura y les permitía mejorar mucho técnicamente. La academia ya no existe, pero Jean-Marc ha creado otras instituciones similares y con la misma exigencia en Mali, en Argelia... Establecimos una asociación entre el club y su academia. De ese modo, me fijé en aquel jugador y en otros después de él, como Emmanuel Éboué, que se unió al club el año siguiente.

Kolo Touré había probado en el Basilea, el Bastia y el Estrasburgo. Y le habían rechazado los tres. Iba a regresar a Costa de Marfil. Pero aquel futbolista me intrigaba. Tenía ganas de verlo jugar y confiaba en Jean-Marc, incluso sabiendo que esos jugadores debían enfrentarse al deporte europeo, con la dificultad que ello conllevaba. Le propuse que probara con nosotros. Y lo vi: tenía un hambre de lobo, estaba dispuesto a comerse el mundo. Se convirtió en el jugador bisagra de los Invencibles, un hombre clave, y el más barato de toda la historia del fútbol, porque negocié su contrato por una suma irrisoria. Se convirtió en uno de los mejores centrales del mundo.

En aquella defensa excepcional también estaba Lauren, un jugador camerunés de gran calidad que estaba hecho para la batalla. Y, por supuesto, Ashley Cole, cuya carrera fue muy brillante. Ante nuestro guardameta, Jens Lehmann (un ganador como pocos), habíamos colocado una defensa de oro que sería una de las grandes claves de nuestro éxito, el nervio de la guerra de los Invencibles.

Y así, al principio de la temporada, le dije al equipo: «Sé que podéis ganar sin perder ningún partido». Estaba seguro y quería que ellos también lo estuvieran, que interiorizaran el desafío: ya habíamos ganado partidos y campeonatos, ya habíamos triunfado, y podíamos conseguir algo todavía más grande. Cuando se fijan objetivos elevados, se debe ser paciente para que calen de verdad en la mente de los jugadores. Pero mi objetivo era ganar siempre, descartar la derrota, que el miedo a perder desapareciera.

Y conseguimos algo mejor que ganar un campeonato sin perder: encadenamos cuarenta y nueve partidos invictos. Durante aquellos meses, nuestra motivación, nuestro espíritu, nuestro trabajo férreo se mantuvieron intactos. El único objetivo era jugar muy bien cada partido, corregir enseguida cualquier fallo individual y mantener la ambición.

A toda costa, buscamos desarrollar un particular espíritu de equipo fomentado en el rendimiento. Cada jugador debía tener claro cuál era su potencial. El equipo hizo suyos valores importantísimos para mí: mi proyecto se convirtió en el suyo y cargaron con él durante cuarenta y nueve partidos. Entre los futbolistas reinaban el compañerismo y el respeto. Se fijaron objetivos y estaban dispuestos a pagar el precio necesario por conseguirlos. Vivimos una especie de estado de gracia colectivo. También individualmente. Cada uno de nosotros tenía una personalidad fuerte y era ambicioso. Todos mantuvieron un nivel de exigencia muy alto durante toda la temporada, cosa que admiraba mucho. Porque no se puede mantener aislado al equipo durante un año entero. Sin duda, los jugadores tenían problemas y sufrían dolores, pero cuando saltaban al terreno de juego se centraban en el equipo, en el fútbol, en su pasión. A aquellos futbolistas les fue mejor que a los demás porque habían hecho suyo nuestro proyecto, nuestro deseo, y habían desarrollado su propio estilo, que acabó convirtiéndose en el del Arsenal. Se apostó por una fórmula de éxito basada en el talento individual, la inteligencia colectiva y la humildad.

Recuerdo que en aquella época todo era importante. Cualquier cosa debía servirnos para focalizarnos en el juego y en la victoria. Tenía mis ritos; me preparaba siempre de la misma manera: ¡deporte por la mañana y la preparación con los jugadores, todo estaba codificado! Beber el café a la misma hora, comer juntos, prepararse para competir, dirigir la reunión antes del partido, el paseo, la sesión de estiramientos. Todo me permitía sentir la energía del equipo a través de la actitud de los jugadores, de cómo me escuchaban, de cómo se concentraban.

Durante este periodo, descubrí una cosa maravillosa: ya no teníamos miedo a perder, cosa que nos hacía mejores. Solo nos concentrábamos en qué podíamos hacer para ganar. Descubrí también otro aspecto del trabajo que me encantó y que no hizo más que incrementar mi pasión: debíamos ser cada vez más constantes y exigentes.

Nos proclamamos campeones a cinco partidos del final. Pero no quería que nos detuviéramos con aquella victoria. Pensé que no había que rebajar el esfuerzo y la exigencia; el sueño de no perder debía continuar. Felicité a mis jugadores por aquella victoria, pero les dije que no era suficiente: podíamos ser inmortales. No bajaron el ritmo hasta el partido número cincuenta. Y ahora ya saben que son inmortales. Es la recompensa a la constancia, a la concentración, al esfuerzo, al espíritu de equipo. Al principio de cada partido, Sol Campbell gritaba divertido: «¡Juntos!». Eso es algo que dice mucho del espíritu que nos imbuía.

A menudo recuerdo esos cuarenta y nueve partidos invictos. En ocasiones me da por creer en ciertas señales: como nací en 1949, me digo que nuestro destino era perder en el partido número cincuenta. Los cuarenta y nueve encuentros quedaron grabados en mí y en cada jugador: fue un logro increíble y el triunfo de una pasión. Después he tenido equipos que podían haber alcanzado ese nivel, pero les faltaba algo. Si comparamos las épocas, se puede medir aún mejor la calidad de esos jugadores, su inteligencia, y la suerte que tuvieron. La derrota puede ser resultado de un despiste o de olvidarse de que lo importante es el equipo. Hoy en día, lo que más añoro es a aquellos jugadores que primaban el interés colectivo por encima de todo y a los que les movía solo la sed de victoria. Sin duda, esa es la marca de los grandes, de quienes saben priorizar. Eso era lo que queríamos transmitirles cuando nos reuníamos con ellos.

El 24 de octubre de 2004, después de aquella racha sensacional, sufrimos nuestra primera derrota, contra el United. No olvidaré nunca ese partido. Perdimos 2-0 y sentimos que nos habían atracado a mano armada. Fue un partido duro, con muchos duelos, muchas faltas y muchos nervios. Dominamos, pero no logramos marcar. En el minuto setenta y tres, el árbitro pitó un penalti por una presunta falta de Sol Campbell. Aquello cambió el partido. Los jugadores (y yo también) sintieron que habían sido víctimas de una terrible injusticia. No merecíamos perder. Después del partido, hubo ciertos altercados entre los futbolistas y los cuerpos técnicos. Ferguson estaba en mitad de la discusión, y Fàbregas lanzó un trozo de pizza que le dio de lleno en la cara. Evidentemente, nuestra derrota, ese penalti más que dudoso, las peleas y la pizza provocaron que ese partido entrara en la historia de nuestra turbulenta relación con el United. Pero, fuera como fuera, para el equipo y para mí supuso un golpe muy duro. Sabíamos que un tiempo feliz y único terminaba. Aquella racha sin miedo, aquel estado de gracia sería difícil de recuperar. Estábamos tan decepcionados que no ganamos los siguientes cinco partidos: o empatábamos, o perdíamos. A todos nos costó recuperarnos.

Algunos meses más tarde, otro partido marcó al fútbol inglés: fue el 14 de febrero de 2005, Arsenal contra Crystal Palace: 5-1. La prensa destacó que nuestra alineación no incluía a ningún jugador inglés. Ashley Cole y Sol Campbell no estaban en ella. Sí estaban Dennis Bergkamp, José Antonio Reyes, Kolo Touré, Thierry Henry, Patrick Vieira, Lauren... Ni siquiera me di cuenta cuando los elegí. La reacción de los periodistas y la polémica que se suscitó me sorprendieron, claro. Yo era el tema de conversación, cosa comprensible. En esa época, no había suficientes jugadores ingleses de calidad. El nivel de la Premier League era muy bueno, pero carecíamos de jóvenes talentos. Los jugadores extranjeros podían influir positivamente y facilitar el progreso de sus compañeros. Las críticas fueron injustas. Hoy en día, los ingleses han mejorado la calidad de su liga y de sus futbolistas noveles, sobre todo gracias a los equipos juveniles que han nacido y se han multiplicado. Se han creado estructuras de calidad con entrenadores magníficos y un buen marco donde desarrollar el trabajo. Sin embargo, antes, los jóvenes se formaban en la escuela como buenamente podían, en condiciones que eran casi las mismas que las de los *amateurs*. Ahora, la federación inglesa se ha hecho cargo de la formación de los jóvenes. En la actualidad, existe una cantera que proporciona talento y el nivel es muy alto. Ha llevado su tiempo, y puedo decir que nosotros colaboramos en este sentido. En nuestro equipo juvenil, reclutábamos a jóvenes jugadores procedentes del extranjero. Creo que, al seleccionarlos a tan corta edad, adquieren, más rápida y fácilmente, los códigos de la Premier League, la mentalidad y la cultura inglesas; además, por otro lado, inspiran a los jugadores nativos. Así pues, cuando los novatos extranjeros empezaban a jugar en el primer equipo, ya llevaban en Inglaterra cuatro años y nadie podía reprocharles no entender o no saber en qué consistía el juego inglés. Por mi parte, además, estaba seguro de que tal apertura contribuía al éxito del Arsenal; era necesaria una mezcla entre la cultura local y las culturas extranjeras. Se podía traer a los mejores jugadores sin mirar su pasaporte, y eso haría aumentar el nivel del fútbol inglés. Pero en 2005, aquello levantó mucha polvareda y un mar de críticas. No obstante, para mí, lo único importante era la calidad de los futbolistas. Siempre defenderé esta idea, contra viento y marea.

El deporte tiene una gran responsabilidad social. Puede ir por delante de la sociedad y ser un ejemplo. En parte, es su papel. Es la única actividad que se basa en el mérito; recompensa el esfuerzo. Siempre he sentido que esta responsabilidad era clave y que había que estar a la altura. De ahí la atención primordial que hay que prestarle al centro de formación. Si es bueno, está bien estructurado y bien pensado, si es ambicioso, si cuenta con una estrategia bien trazada y unos valores fuertes, surgirán talentos que después tal vez lleguen al primer equipo. Y lo repito: da igual de dónde provengan dichos talentos. Lo único que cuenta son los esfuerzos que un jugador esté dispuesto a hacer, su talento, su pasión y su trabajo.

Para el éxito de la formación, lo primero es el reclutamiento; lo segundo es el programa de desarrollo del futbolista; y, por último, la integración en el primer equipo. Hoy en día, en Inglaterra, los equipos juveniles cumplen perfectamente con los dos primeros puntos, pero se estancan en el tercero.

Porque, si se los descubre y se especializan pronto, los talentos jóvenes se aíslan poco a poco, se alejan de una vida social normal y acaban devorados por las expectativas que levantan a su alrededor, sobre todo en su familia, pues esos chicos representan tanto una esperanza como una inversión. El club debe crear un entorno favorable para el desarrollo del joven futbolista, donde pueda apoyarse siempre. Hoy por hoy, el desafío es encontrar el equilibrio perfecto entre cuándo debe ser protegido por el club y cuándo debe desatarse la iniciativa individual. El deportista de alto nivel debe ser capaz de juzgar cada situación y superar sus grandes decepciones.

A partir de los test de personalidad realizados durante una década con Jacques Crevoisier, hemos comprendido que una motivación constante resulta clave para que un jugador alcance el éxito. Los jóvenes necesitan modelos de los que aprender. Para triunfar hay que ser especial. Pero nunca se tienen todas las cualidades.

Solemos decir que en el fútbol hay tres puntos clave: control del balón, toma de decisión y calidad de la ejecución. Pues bien, hemos observado que lo que diferencia a los jugadores es cómo procesan la información. En la Premier League, los buenos jugadores reciben entre cuatro y seis datos en los diez segundos anteriores a la recepción del balón; y los muy buenos, entre ocho y diez. Por tanto, es importante desarrollar ejercicios que permitan procesar mejor la información.

En mi trabajo como entrenador, a menudo me he enfrentado a reproches, pero siempre he intentado ser lo más justo posible y tener en cuenta las razones de los demás para obrar como hayan obrado. No obstante, siempre he querido mantenerme firme en relación con mis convicciones profundas sobre el juego y el club. He tomado ciertas decisiones que han suscitado rechazo, pero con el tiempo fui forjando la madurez necesaria para afrontarlas. He seguido mi camino y he trabajado sin concesiones para imponer mis ideas. Por supuesto, tal actitud conlleva críticas y aceptar la soledad de quien toma decisiones con rigor. En la profesión de entrenador hay que ser riguroso. No hay lugar para la dejadez; cualquier falta de firmeza se paga cara. Lo único que importa es el juego y el equipo. También en ese sentido el fútbol debería seguir siendo un modelo para la sociedad: más justicia y más recompensa para quien más se esfuerza. El deporte de alto nivel descansa sobre ese principio y puede servir de ejemplo por la exigencia que implica. Los grandes jugadores viven de su pasión, de su talento, de sus méritos, de sus inversiones. Y son modelos. Por eso son tan queridos y tienen toda nuestra admiración. Hay muchísimas imágenes de ciertos privilegiados conduciendo un cochazo, presumiendo de un reloj de lujo o acompañados de una chica despampanante. Sin embargo, el fútbol que yo he conocido y amado en el Arsenal no era así. El esfuerzo que esos futbolistas hicieron para llegar hasta ahí es demasiado desconocido. Además, suele no tenerse en cuenta que son gente de solo veinte o veintidós años. Y a esa edad todo el mundo comete errores; la diferencia es que los suyos aparecen en los periódicos. Ante esto, mi papel como entrenador fue mantener el respeto que tenía por cada jugador y recordarles solo sus responsabilidades.

A pesar de la polémica de 2005, me parece que hoy en día todo el mundo reconoce lo modélicos que fueron aquellos jugadores extranjeros y la forma en la que auparon al club, demostrando en cada partido su amor por nuestro juego, por el Arsenal, por la Premier League, por la victoria.

Durante todos estos años, una gran determinación me guiaba y me protegía ante los ataques, ante los desafíos y las pruebas. Era algo que me aislaba del miedo: me hacía actuar escuchando solo mi pasión. En el Arsenal descubrí que, en cierto modo, ser entrenador es como una ruleta rusa: antes de cada partido pones una bala en el tambor, durante el encuentro aprietas el gatillo… y esperas salir ileso.

He tenido esa sensación en muchos partidos. En particular, en la final de la FA Cup el 21 de mayo de 2005 contra el Manchester United, al que derrotamos en la tanda de penaltis. Fue la última vez que Patrick Vieira, que nos dio la victoria, jugó con el Arsenal, antes de marcharse a la Juve. Ganamos, pero el United jugó excepcionalmente. Había convencido a Vieira de quedarse un año más y de no marcharse al Real Madrid. Me había hecho caso, quería irse con un buen sabor de boca, y ese partido final le dio lo que buscaba. Es un recuerdo mágico y contribuyó a un récord que ningún entrenador ha podido igualar: ¡ganar siete Copas de Inglaterra y ocho Supercopas!

Instintivamente, sentí que aquella temporada de 2004-2005 plagada de victorias, y en particular aquella Copa, marcaría el fin de una época. En los años que siguieron, tuvimos que enfrentar y aceptar la pérdida de jugadores emblemáticos: primero Vieira, después Thierry Henry al año siguiente, luego Pirès; todos futbolistas que habían creído en mí y que habían dado al club todo su talento y su energía. Posteriormente, tuvimos que afrontar el traslado, deseado aunque doloroso, del mítico estadio de Highbury al Emirates. Esa conjunción de cosas generó muchos cambios y reajustes. Aunque aquellos años se percibieron como más difíciles que los anteriores, también trajeron consigo nuevos desafíos y la aparición de nuevos talentos.

Había aceptado que iba a perder las estrellas que quisieran irse: sabía que no podía retenerlos. Fue muy difícil, por supuesto, pero habíamos decidido controlar las cuentas. Estábamos comprometidos en la construcción de un nuevo estadio, teníamos que ser cuidadosos, y yo había optado por una política de jugadores jóvenes, cosa que los futbolistas históricos sabían. Thierry Henry vino a decirme: «Entrenador, tengo treinta y un años, no se puede ganar el campeonato con jóvenes». Sabía lo que quería decir: construir un equipo sólido y experimentado como el que habíamos formado con él llevaría tiempo, y Thierry, a su edad, tenía prisa, aún quería alcanzar grandes victorias. No podía retener a los jugadores o decirles a quienes lo habían dado todo al club: «No, no te vas». Además, su marcha era una forma de conseguir más ingresos que destinaríamos al nuevo estadio. Por eso viví sus marchas de un modo diferente a como lo hicieron los hinchas: no podía enfadarme con los jugadores, porque sabía que aquello eran gajes del oficio. Los futbolistas son profesionales y quieren ganar. Hay que tomárselo con filosofía y ponerse en su lugar. Además, uno no se puede enfadar con alguien que lo ha dado todo y, aun así, no puede cumplir con sus legítimas ambiciones. Vieira se fue a la Juve, Henry al Barça, Pirès al Villarreal. Sin embargo, todos ellos estarán ligados al Arsenal para siempre: ante todo, serán *gunners*.

Para un club, la parte futbolística es la más importante. En ello se basa todo. Pero, a veces, a los dirigentes les cuesta aceptarlo. Si el director comercial cambia, el club no lo hace. Pero si Thierry Henry se va..., bueno, ahí la historia cambia. La parte fundamental del fútbol son los jugadores y lo buenos que son. Hoy en día, parecen hacernos creer que los futbolistas son intercambiables, pero eso no es así. Cuando se pierde a Vieira, a Pirès y a Henry, no se les puede reemplazar. No se les podía retener económicamente y, al mismo tiempo, se debía afrontar el paso del tiempo: fuera como fuera, esos jugadores estaban al final de sus carreras. Así pues, en el área deportiva se está condenado al cambio constante. En ese sentido, se trata, pues, de conservar, transmitir y hacer que lo esencial perdure: los valores y el espíritu del club.

La nueva historia del Arsenal tenía su símbolo perfecto en la construcción del nuevo estadio.

El 7 de mayo de 2006 jugamos el último partido en Highbury. Nos enfrentamos al Wigan y ganamos 4-2 con un gol de Pirès y tres tantos de Thierry Henry, uno de los cuales fue de penalti. Logramos vencer, a pesar de que en la primera mitad perdíamos 1-2. La emoción era enorme, sobre todo en los jugadores más emblemáticos, que sabían que pronto abandonarían el club. Habíamos organizado una ceremonia de despedida y el líder de The Who, Roger Daltrey, que era fan del equipo, había compuesto una canción especial que interpretó en aquella despedida. Fue muy triste: en Highbury viví muchísimas emociones. Hoy en día, tantos años después, a veces paso por allí en coche. Las cuatro tribunas se han transformado en apartamentos. Las ventanas no dan a la calle, sino a un jardín, nuestro antiguo campo. Pensé en comprar uno de esos apartamentos, pero me habría sentido mucho más triste. Para construir el nuevo estadio necesitábamos ingresos constantes, y la transformación de Highbury en viviendas fue una forma de financiar el proyecto del Emirates. En esa época nos habíamos convertido en la empresa inmobiliaria más grande de Inglaterra. Cuando la crisis del sector sacudió Londres en 2008, se puso difícil vender los apartamentos y la situación se volvió tan crítica que, en ocasiones, tuvimos que vender más barato y sacar dinero procedente del fútbol para financiar la empresa inmobiliaria. Cuando pasó la crisis, vendimos los apartamentos, los terrenos que teníamos en los alrededores y conseguimos superar el bache.

Dejar Highbury y asistir a su desaparición resultó descorazonador. Pero no teníamos otra opción: el estadio antiguo podía albergar a treinta y ocho mil espectadores y en cada partido teníamos una lista de espera enorme. Highbury no bastaba. Éramos como una empresa obligada a rechazar clientes. Después de buscar un terreno cerca, decidimos cambiar de sede. Pensábamos invertir 220 millones de libras en la construcción, pero acabamos pagando 428. El terreno sobre el que decidimos construir ya costaba 128 millones. Había que recolocar a las empresas que ocupaban el recinto. Y el precio del estadio ascendió muy rápidamente. En la época de la construcción, cada fila de asientos costaba cuatro mil libras. Y el nuevo estadio iba a ser para sesenta mil espectadores.

Dependíamos de los bancos. Para el club era importante completar aquel proyecto de inversión a largo plazo. Pero eso implicaría ciertas limitaciones. Los bancos exigían garantías, como limitar los sueldos al cincuenta por ciento del presupuesto. Y a mí se me exigió firmar por cinco años. El proyecto y yo estábamos ligados. Me comprometí a largo plazo. Llevaba diez años en el Arsenal y firmaba para un lustro futuro que estaría lleno de obstáculos. Aun así, reconozco que estaba encantado. El Arsenal era mi club, mi vida. Recuerdo haberle dicho a mi mujer que, sin duda, me jubilaría a los cincuenta años. Pero al final mi aventura terminó a los sesenta y nueve años, lo cual dice mucho de mi pasión. No fue un sacrificio. Me encantaba trabajar y contribuir a la transformación del Arsenal en un club con una estructura adaptada al fútbol moderno. Con el estadio, logré cumplir con mi idea del papel de un entrenador: dar otra dimensión a la institución. Y tuve la enorme suerte de que aquel objetivo de club se cumpliera durante mi estancia.

Aquel día de mayo de 2006, al despedirme de Highbury, no pensé en lo que íbamos a conseguir más tarde: sentía sobre todo tristeza y gratitud por las inmensas alegrías que había experimentado en aquel estadio. Debía despedirme de lo que me parecía un hogar. Highbury tenía el alma de aquellos que nos precedieron, un alma que quisimos darle. Sabía que lo que perdíamos con ese estadio jamás lo recuperaríamos, en ningún otro. Era como esas viejas casas poco funcionales, con mala calefacción, pero en la que uno se siente en su hogar, frente a una vivienda ultramoderna y práctica pero que siempre parece un poco ajena. Sin embargo, me gusta el Emirates. Sé que había que construirlo, que el nuevo estadio y los recursos que iba a generar eran necesarios para el futuro económico de la entidad. Hoy en día, el estadio es el hogar natural del club, cosa que me enorgullece. No obstante, quienes conocieron Highbury sentirán la misma nostalgia que yo, un sentimiento que desconocerán las generaciones venideras. Los hinchas también han tenido una relación difícil y contradictoria con el nuevo estadio, porque, durante todos estos años, han sabido que su construcción y el gasto que implicaba nos obligaba a limitar nuestros objetivos. Pero el futuro pertenece a las nuevas generaciones, hemos pasado página con las cuentas saneadas y nuevas ambiciones, y los seguidores del club están orgullosos de su estadio.

Algunos días después de la emoción de despedirnos del Highbury, jugamos la final de la Liga de

Campeones en París, en el Stade de France, contra el Barcelona. Fue un momento crucial, la culminación del gran esfuerzo de los jugadores. Habíamos apeado al Real Madrid, a la Juventus y al Villarreal en unas eliminatorias espectaculares.

Si no recuerdo mal, antes de mi llegada, el Arsenal no había jugado más que cuatro veces en la Liga de Campeones. Aquella final era mi objetivo. Poco a poco, a base de trabajo, fuimos haciéndonos fuertes en la competición. Superábamos regularmente la fase de grupos, conseguimos clasificarnos veinte veces seguidas, estábamos en la lucha, en cuartos, en semifinales, incluso llegamos en aquella ocasión a la final. La Liga de Campeones le ofrecía al club un gran reconocimiento. Hoy en día, no es para tanto, es casi más difícil ganar el campeonato inglés que la Champions. En esa época, Europa estaba bajo el dominio del Madrid, el Barcelona y el Bayern. Por más que hiciéramos, por culpa de aquel trío, siempre caíamos contra el Barça o el Bayern.

He jugado ocho finales de la Copa de Inglaterra y he ganado siete, pero siempre he tenido una especie de maldición europea. He perdido en la Liga de Campeones en circunstancias increíbles y en partidos que se me atragantaban. Sin embargo, el que más daño me hizo y que no he podido volver a ver fue esa final de 2006 contra el Barcelona. No nos habían marcado un solo gol en toda la competición. Habíamos jugado en octavos de final contra el Madrid, que tenía jugadores magníficos: Zidane, Ronaldo, Beckham, Raúl. Ganamos el partido de ida y en el de vuelta empatamos a cero. En cuartos nos enfrentamos a la Juve, donde jugaban Trezeguet, Vieira, Ibrahimović, Emerson, Thuram y Buffon. Como con el Madrid, conseguimos ganar el partido de ida, 2-0, y en su campo empatamos. En semifinales, nos medimos al Villarreal: Kolo Touré nos dio la victoria en el partido de ida, y en el de vuelta Lehmann nos salvó parando un penalti. Conseguimos llegar a la final gracias a nuestro portero, pero el drama estaba servido: Lehmann nunca se perdonará la falta que cometió y que le costó la expulsión en el minuto dieciocho. Es su peor recuerdo, y, sin embargo, no fue culpa suya. Fue expulsado. Era la final de la Liga de Campeones y nada más empezar ya éramos diez contra once. Había que tomar decisiones difíciles y rápidas. Sustituí a Robert Pirès en el minuto veinte por el portero Manuel Almunia. Sé que aquello provocó la incomprensión y la rabia de Robert, pero la situación lo exigía. Había que defender y contratacar. Tenía treinta y dos años, acababa de salir de una operación complicada y, por mucho que fuera un jugador excepcional, no era el Pirès de 2002. Fue cruel, pero no me quedaba otro remedio. Y tuve que tomar la decisión de inmediato, porque en nuestro oficio hay que reaccionar deprisa. A pesar de nuestra inferioridad numérica, gracias a un centro de Thierry Henry, Sol Campbell nos adelantó en el marcador. Pero en el segundo tiempo, Samuel Eto'o y después Juliano Belletti le dieron la vuelta al partido, y perdimos. Es un recuerdo horrible y todavía hoy genera una gran frustración. Sin duda, también marcó aquel año, junto con la marcha de varios jugadores y el cambio de estadio. Era el fin de una época.

Una victoria en la Liga de Campeones habría sido un maravilloso colofón para la aventura de los Invencibles: habría recompensado los esfuerzos de todos los jugadores del club durante la construcción del nuevo estadio. La aventura quedó inacabada. El Arsenal sigue sin conseguirlo, pero el club ya está en situación de hacerlo: ha vuelto con una excelente situación económica y ahora debe tomar buenas decisiones técnicas. Si el remordimiento es la distancia entre lo que yo hubiera deseado y lo que ocurrió, en ese caso es enorme. Pero ahora sé que para no tener remordimientos tendría que haberlo ganado todo. Uno se arrepiente de alinear a un jugador y no a otro, o de una decisión, o de un error táctico mal corregido, o de un comentario que debería haber hecho en el descanso y que se ha quedado en el aire. Aún hoy me sigo preguntando cómo mejorar. Siempre. Por lo demás, aquella final es todavía una herida. Tras aquella decepción, nos fuimos a nuestro nuevo estadio. Debíamos dejar atrás aquella derrota y enfrentarnos a numerosos desafíos. Para ello había que armarse de valor y que todo el mundo se comprometiera con el proyecto.

El 19 de agosto de 2006, inauguramos el estadio Emirates con el primer partido de la temporada contra el Aston Villa. Empezaba una nueva era.

Sabía que, económicamente, estábamos atados de pies y manos. Y que teníamos que reducir gastos, mirar hasta el último penique y enfrentarnos al mismo tiempo a clubes con muchísimos más medios que nunca. Fue la época más delicada, la más peligrosa, la que más expuso al club. Durante siete años había que pensar en sobrevivir. Debíamos gestionar el club con el máximo rigor y sacar lo mejor del equipo. Durante esta época, paradójicamente, y aunque los resultados sean menos evidentes, trabajé más que nunca. Dejé de lado mis ambiciones personales, pues muchos otros clubes me hicieron propuestas y yo las rechacé todas, incluso las más atractivas. Me contactaron la Juventus, el Real Madrid, el PSG, el Bayern, la selección francesa, la inglesa... Con la perspectiva del tiempo, en general me alegro de haber sabido decir que no a más gloria, a más dinero. Estoy contento de haberme dejado guiar solo por la idea de servir al club con lealtad. Los seguidores del Arsenal pueden tener una cosa clara: había tejido mi alma con los colores rojo y blanco.

En 2007-2008 encabezamos la clasificación durante tres cuartas partes de la temporada, pero fallamos en la recta final, con aquel empate contra el Birmingham. Sumamos ochenta y tres puntos, pero quedamos por detrás del United y del Chelsea.

Para cubrir la deuda del Emirates, teníamos que clasificarnos para tres de cada cinco Ligas de Campeones, y alcanzar una media de cincuenta y cuatro mil espectadores por partido. Estuvimos cinco veces seguidas en la Liga de Campeones y tuvimos sesenta mil espectadores de media. Algunos años, en abril, cuando pensaba que no lo íbamos a conseguir, que no nos clasificaríamos, perdía el sueño, estaba extremadamente tenso; cuando al final de la temporada lo lográbamos, me ponía a cantar como si hubiéramos ganado el campeonato. Sabía mejor que nadie hasta qué punto aquello era crucial para el club. Y yo me había prometido conseguirlo.

Nos clasificamos veinte veces consecutivas para la

Liga de Campeones. Los únicos equipos que lo lograron durante ese periodo, entre 1997 y 2017, fueron el Real Madrid y el Manchester United.

En el campeonato inglés, que suele decidirse en los últimos partidos, fuimos tres veces campeones, cinco veces segundos, seis veces terceros y cuatro veces cuartos, lo cual demuestra una tremenda regularidad. Poco a poco, año tras año, conseguimos saldar la deuda y presentar buenas alineaciones. Solo nos faltaba más potencial económico y contar con la experiencia de grandes jugadores. Y, por paradójico que parezca, en especial para los periodistas que nos comparaban con el periodo de los Invencibles, fueron años maravillosos. Los jugadores eran jóvenes, muy jóvenes, como Fàbregas, a quien hice debutar a los dieciséis años, o Jack Wilshere, que se estrenó en el equipo en 2008 (fue el jugador más joven del Arsenal de todos los tiempos), o Nasri, que también empezó en el equipo en 2008, con solo veintiún años. No obstante, tratábamos de rodearlos de jugadores de talento más experimentados, como Hleb, Gallas y Rosiský.

Un futbolista no es el mismo y no ofrece cosas idénticas entre los dieciséis y los veintidós años que entre los veinticuatro y los veintiocho. De lo que carecíamos en los grandes partidos era de cierta madurez. Nos faltaba experiencia y tranquilidad. Perdíamos por pequeños detalles relacionados con esa falta de tablas. Para construir el club del mañana y consolidar una buena base, debíamos pasar por esos momentos. Nuestra colosal deuda bancaria nos impedía comprar más jugadores. Por eso volvimos la mirada hacia los jóvenes, mientras que los demás clubes accedían a recursos artificiales, vivían del patrocinio exterior y tenían muchos medios. Por ejemplo, el Chelsea, el United o el Manchester City podían comprar a quienes quisieran (a menudo, se llevaban a nuestros jugadores). Aquello complicaba aún más las cosas, pero yo estaba preparado: había que respetar las cuentas a toda costa, ser conscientes de nuestros compromisos económicos. Nuestro presupuesto estaba muy ajustado; cuando comprábamos un jugador, negociábamos hasta el extremo cuánto podíamos pagarle. La masa salarial de la plantilla no debía superar el cincuenta por ciento del presupuesto del club. Solo podíamos utilizar el dinero de los traspasos si hacíamos buenas operaciones. Eso era todo. Sin embargo, a pesar de la escasez de medios, seguimos siendo eficaces, cosa que era esencial para mí: en un campeonato duro, siempre quedábamos entre los cuatro mejores. Al echar la vista atrás, aquellas restricciones económicas frente a clubes que vivían a crédito, esas limitaciones de no gastar doscientos si solo ganábamos cien (que coincidían, además, con mi carácter y con mi filosofía) me enseñaron mucho. Y me parecían más que justas: habíamos elegido un proyecto ambicioso para hacer crecer a un club. Obviamente, había consecuencias.

En aquel tiempo de intenso trabajo, de resistir la presión de los medios y de los hinchas (que reclamaban los mismos resultados que antes sin reparar en lo que estábamos haciendo con tanto esfuerzo y con la cabeza bien alta), tuve que enfrentarme a otro cambio que me afectó mucho: la marcha de mi gran amigo David Dein. Él me había contratado, habíamos formado un tándem muy eficaz, en el que cada uno respetaba el papel del otro (nos complementábamos muy bien) y habíamos desarrollado una relación única. Al intentar que en la junta entrara el estadounidense Stan Kroenke, principal accionista y director del Arsenal desde 2008, David se había enfrentado con los principales dirigentes del club.

David es un innovador, un hombre tenaz, generoso y empático. Al irse, vendió sus acciones al millonario ruso Alisher Usmánov.

Con la marcha de David, sentí que el club iba a cambiar, que el espíritu del Arsenal perduraría siempre, pero que, con la evolución del fútbol y los cambios de propietarios, quizá mi faceta de entrenador sería la misma, pero la de director deportivo iba a ser muy distinta. Por supuesto, David y yo seguimos viéndonos mucho. En definitiva, aunque él se alejara del club, no se alejaba del fútbol. Solía cenar con sus antiguos jugadores, iba a los partidos... El deporte seguía siendo su pasión. También creó una asociación y daba charlas en escuelas y prisiones. Fue el origen de un programa extraordinario: oradores, jugadores, entrenadores y miembros del personal de los clubes de la Premier League daban charlas en cárceles dos veces a la semana. Aquel programa continuó hasta el punto de que, hoy en día, está presente en ciento siete centros penitenciarios de toda Inglaterra.

Cuando llegué al Arsenal, el club era propiedad de la familia Hill-Wood y pasaba de padre a hijo. Peter todavía no era el accionista mayoritario. Otras dos familias tenían participaciones en el club: Danny Fiszman, que había entrado en la junta de dirección en 1992, y la familia Carr. Además, había muchos hinchas que tenían una o dos acciones, con los que me cruzaba y que me hablaban como si el club fuera su hogar, su familia. Cuando fiché por el equipo, las acciones costaban ochocientas libras. A partir de ahí, su valor no dejó de aumentar: cuando me fui, habían subido hasta diecisiete mil libras. Y su precio ha crecido con el aumento de beneficios del club y la reducción de la deuda acumulada por la construcción del nuevo estadio. Luché por llegar a esa situación saneada económicamente, y se consiguió.

En ese momento, el club, propiedad de familias inglesas, se estaba abriendo mucho al capital extranjero. El empresario estadounidense Stan Kroenke iba a convertirse poco a poco en el principal accionista. Compró las participaciones de Danny Fiszman, que, en 2010, anunció a la junta que estaba enfermo y que dimitía. La rivalidad entre Usmánov, Kroenke y los accionistas ingleses tradicionales fue de armas tomar. Con los años, el estadounidense se alzaría con la victoria. Usmánov le vendió su parte en 2018, tras lo cual Kroenke acaparó el noventa y siete por ciento de las acciones del Arsenal. Fue también en ese periodo cuando contrató a Ivan Gazidis para preparar el club de cara al futuro.

Al final de la temporada, me fui de vacaciones a Italia con mi familia. Me sentía agotado, sin vitalidad. Estaba como atrapado. Por un parte, estaba mi lealtad al club y a todo lo que quedaba por hacer; por otra, mi amistad con David, que siempre había sido un apoyo inquebrantable para mí. Habíamos superado muchísimas pruebas, habíamos vivido muchas aventuras; había estado muy presente en mi llegada, durante las victorias, cuando se decidió construir el estadio nuevo, en la profesionalización de la Liga.

Esas vacaciones son un recuerdo muy doloroso: extenuado, no hacía más que preguntarme de qué servía tantísimo trabajo. David me pidió que me quedara, que pensara solo en los intereses del club, pero eso no bastaba para tranquilizarme. Sufría un gran desgaste profesional. Yann Rougier me ayudó a aguantar. Yo era como un samurái que lo había dado todo por su pasión. Y cuando estaba mal, en realidad, estaba fatal. En ese sentido, no tenía medida. Había aprendido a protegerme manteniendo el control, pero, por dentro, era una tormenta. Y la tormenta se estaba formando aquel verano.

Al volver al Arsenal, el agotamiento físico y psicológico quedó atrás; no tardé en recuperarme y en recuperar la pasión, que, de hecho, fue a más. No obstante, las situaciones vividas me hicieron consciente de que todo aquello tenía un precio para los demás y para mí; un precio que, aunque lo hubiera aceptado y asumido, me hacía correr el riesgo de derrumbarme y dudar.

Durante esos años fluctuantes en la dirección del club, lleno de desacuerdos y rivalidades, procuré mantenerme al margen, concentrarme cada día en el siguiente partido, en la importancia de construir y reconstruir el equipo.

El Arsenal es algo así como un microcosmos: la estructura del fútbol evoluciona y nosotros acompañamos su movimiento. Los inversores extranjeros han comprado poco a poco los clubes; la Premier League ya no pertenece a los ingleses. En 1996, yo era el primer entrenador extranjero y recuerdo las reacciones que suscitó mi contratación. Hoy muchos entrenadores son de fuera, lo mismo que los propietarios. Lo único que no ha cambiado es el público, los hinchas. Progresivamente, hemos pasado de que los propietarios fueran los propios aficionados a que lo fueran los inversores. Con todo lo que ello implica, y es que los clubes (y el Arsenal no es una excepción) se han convertido en empresas. La dimensión humana se ha perdido, o al menos se ha reducido. La organización se ha vuelto más pesada, y la parte técnica (el equipo, los jugadores, la cantera) se ha empequeñecido en el seno de una empresa cuyos departamentos comerciales, de *marketing* y de prensa ocupan cada vez más espacio. Cuando empecé, el club tenía entre setenta y ochenta asalariados. Después pasamos a doscientos, luego a cuatrocientos, hasta llegar a setecientos cuando me fui del Arsenal, en 2018. En la sección juvenil son ya más de doscientos.

Cuando un club o una organización crece demasiado, se corre el riesgo de perder la cultura del rendimiento por pensar más en preservar los intereses personales y en consolidar ciertas cosas. Uno se puede volver menos innovador y puede querer correr menos riesgos.

El foco que debería ponerse en la parte deportiva fue reduciéndose. Mi frustración creció; sentí que se ponían trabas a mi trabajo. Se solicitaba cada vez la presencia de los jugadores y la mía para otras cosas, aunque yo intentara cada día reservarme momentos de soledad; asimismo, procuraba que el equipo disfrutara de espacios reservados para ellos solos, donde pasar tiempo juntos. No se trataba solo de quiénes éramos, sino de la imagen que queríamos transmitir, y eso repercute en la vida del club y del jugador. David Beckham fue uno de los primeros futbolistas en convertirse en un icono mediático, y muchos clubes tomaron nota para hacer lo mismo con sus estrellas.

Cuando compran un club, los inversores quieren que vaya bien, que sea rentable; evidentemente, sus prioridades no son las del hincha accionista, cuya gestión es más familiar, por así decirlo.

Al mismo tiempo, el fútbol se ha vuelto más comercial: las empresas regionales se globalizan, el fútbol como negocio ha relegado al mero interés deportivo, Estados Unidos y China empiezan a ganar más peso y, sobre todo, los ingresos televisivos estallan y lo cambian todo. En 2019, los ingresos por los derechos de televisión del Arsenal ascendieron a ciento ochenta millones de libras. Lo que había que pagar por el estadio anualmente era alrededor de quince millones al año. Buena muestra de cómo han cambiado las cosas.

En un momento dado, los derechos nacionales de televisión llegaron a su máximo, pero los internacionales no dejaron de crecer. Asia y Estados Unidos compraron los derechos de la Premier League. También había que cuidar la imagen internacional y viajar por todo el mundo. Por ejemplo, puedo decir que he dado conferencias en la Universidad de Pekín, con anfiteatros repletos de estudiantes vestidos con los colores del Arsenal que conocían mejor que yo la historia y la vida del club, y que sabían incluso mi marca favorita de té. Solo uno o dos habían estado en el Emirates, pero eran aficionados acérrimos de nuestro club.

Cuando se gestiona una estructura como esta, uno se ocupa de muchas cosas y siente que no deja de correr y que siempre está insatisfecho. Con la creación del Departamento de Recursos Humanos, todo se volvió más burocrático. Eso no siempre era lo mejor para un entrenador como yo, cuya primera operación fue fichar a un jugador del Orange en un aparcamiento de autopista, un entrenador que tomaba las decisiones al momento y siguiendo su instinto. Otra cosa que demuestra cuánto ha cambiado nuestro oficio es el mundo de los traspasos. Hoy en día, todo está muy organizado, con sumas colosales en juego y reglas muy precisas. Pero antes los contratos podían hacerse de un modo más improvisado. David Dein se ocupaba de los traspasos conmigo. Y tuvimos que enfrentarnos a situaciones grotescas.

Compré a Sylvinho al club brasileño Corinthians en 1999. Y después, en 2000, para reemplazar a Emmanuel Petit, quise traer a Edu del mismo club. Un día Sylvinho me llamó: «¡Edu está en la cárcel!». Lo habían retenido a su llegada al aeropuerto de Londres con un pasaporte portugués falso y lo habían enviado inmediatamente de vuelta a Brasil. Renegociamos su contrato, se hizo con la documentación auténtica y por fin pudo venir al Arsenal en 2001. A Sylvinho lo habían controlado a la vez que a Edu, y su pasaporte debía de ser bueno. Pero a mí me quedaban ciertas dudas. Así pues, cuando pasábamos los puestos de control policial en los aeropuertos, me ponía a su lado. Siempre pasó sin problemas. Al final de la temporada, vendimos a Sylvinho al Celta de Vigo, y su carrera siguió más tarde en el Barcelona.

Ser entrenador era hacer de todo en todo tipo de situaciones.

Después de la marcha de David, trabajé a tres con Ivan Gazidis y con Dick Law, que vino a secundarme. Fue muy importante para mí. Vivimos juntos la transformación del mercado de los traspasos. Y después, gracias a las medidas de *fair play* económico puestas en práctica en 2010 y que impedían a los clubes pagar con dinero que no tenían, logramos luchar con las mismas armas que los demás equipos.

Durante todos esos años, me esforcé por que el espíritu de la parte deportiva del Arsenal, que tanto me importaba, no cambiara. Durante aquellos años, debíamos enfrentarnos a equipos muy fuertes con jugadores extraordinarios, pelear todo el tiempo, preparar el relevo, hacer malabares, combatir a muerte todos los años. Y eso es algo que siempre me gustará. En ese periodo, fuimos conscientes de la importancia de mantener el espíritu del club ante los cambios y formar a una generación muy joven. Tenían cualidades muy buenas, pero algunos carecían de la mentalidad necesaria para jugar en el Arsenal. El club era quien cargaba con ellos, y no al revés. Cuando salieron del equipo, muchos desaparecieron del nivel alto. Para consolidar nuestros valores y reforzar el colectivo, todos juntos creábamos una especie de constitución escrita antes del principio de cada temporada. Repartíamos a los futbolistas en grupos de cinco y les hacíamos escribir lo que consideraban importante en su forma de jugar y de comportarse. Sabemos bien que la concepción del tiempo, del futuro, de la educación y del respeto podían variar según el bagaje cultural de cada cual. Sin embargo, al escribir esta constitución con el club cada temporada, recordábamos nuestros valores comunes, en los que más coincidíamos, aclarábamos lo que esperábamos de cada uno y nos uníamos más.

Tuve que formar a los jugadores que relevaron a la magnífica generación de los Invencibles. Contábamos con jóvenes extraordinarios, como Robin van Persie, Cesc Fàbregas, Samir Nasri, Emmanuel Eboué, Alex Song, Gallas, Hleb, Rosický y Laurent Koscielny. En 2010, traje a Laurent del Lorient. Tuvo una carrera ascendente que lo llevó hasta la selección francesa.

Aquellos futbolistas jugaron al nivel de sus predecesores. Eran chicos con talento. Pero teníamos adversarios potentes y nos faltaba madurez en los momentos de la verdad. Durante aquellos años sin títulos, el Chelsea, el Manchester City y el Manchester United eran más fuertes, pero nosotros nos colábamos entre ellos gracias a nuestros futbolistas y siempre acabábamos entre los cuatro primeros de un campeonato tan difícil. Con el tiempo, veo que los Invencibles quedarán en la memoria, pero, a mi parecer, lo que consiguieron los jugadores que llegaron después fue muy difícil. Estábamos entre los cuatro mejores, nos clasificábamos para jugar la Liga de Campeones, superábamos la fase de grupos… y manteníamos un equilibrio presupuestario. Aquellos años resultaron intensos y apasionantes. No teníamos la misma solidez defensiva ni la eficacia de antes, pero dábamos espectáculo, cosa que reconocían incluso nuestros rivales. Fue fantástico entrenar a aquellos jugadores. Por eso, cuando notaba su deseo de irse para conseguir títulos que no podían conquistar con nosotros, me dolía, aún más que con Henry, Vieira y Pirès. Ellos se fueron después de cumplir los treinta, tras habérnoslo dado todo. Pero entonces estábamos en un periodo en el que los jugadores se iban antes, entre los veintidós y los veinticinco años. Era como si estuviéramos segando antes de la cosecha. Sin embargo, los sueldos que ofrecía la competencia eran enormes y no podíamos luchar contra ellos. En 2011, perdimos a dos de los hombres fuertes del equipo: Samir Nasri se fue al Manchester City, y Cesc Fàbregas, que entonces era nuestro capitán, regresó al Barcelona. Era difícil dejar marchar a jugadores en los que habíamos invertido tanto tiempo y tantas energías.

Al año siguiente, en 2012, Van Persie fichó por el United. Lo había comprado en 2004 al Feyenoord, donde era suplente. Necesitaba progresar, reforzarse. Un amigo en Holanda me lo había recomendado; también me había hablado de él Damien Comolli, que había sido entrenador de los sub-16 del AS Mónaco en 1992 y que trabajó como cazatalentos del Arsenal entre 1998 y 2004. Sometí a Van Persie a varias pruebas, y los resultados no fueron tan excelentes. Sobre todo, falló en una prueba de esfuerzo. Decidí hablar con él, y en nuestra conversación mostró tal pasión por el juego, tal finura de análisis, tal capacidad de señalar sus puntos débiles y sus virtudes, que decidí quedarme con él. Al principio era un poco arrogante, jugaba intentando llamar la atención, y provocó bastantes fricciones. Era justo lo que no quería en el equipo. Su relación con Thierry Henry era difícil, tenían personalidades muy diferentes. En los entrenamientos, le animé a simplificar su juego. Debía confiar en su extraordinario toque de balón, y progresó a pasos de gigante. Un jugador extraordinario, un artista. Tiene una clase impresionante; en mi opinión, siempre estuvo infravalorado. En 2011, en octavos de final de la Liga de Campeones contra el Barça, el árbitro lo expulsó por haber tirado a puerta justo cuando acababa de pitar fuera de juego. Aquello nos marcó a todos. En el momento de la expulsión íbamos 1-1. Al final, el Barça ganó 3-1.

Había colocado a Van Persie de delantero centro, con Fàbregas y Nasri por detrás. Jugó excepcionalmente en muchos partidos, su calidad técnica era excepcional. En la temporada 2008-2009 fue el mejor asistente de la Premier League. A menudo, durante aquellos años, y en particular en la temporada 2010-2011, con el número 10 a la espalda (el número de Dennis Bergkamp), estuvo en el podio de los mejores goleadores de la Premier League. Y en la temporada 2010-2011 logró la proeza de marcar treinta y cinco goles en treinta y seis partidos del campeonato inglés, superando así el récord de Thierry Henry. En 2012 anunció su intención de no alargar su contrato. Los grandes equipos le estaban cortejando. Lo vendimos al United. Los hinchas se enfadaron conmigo, pero no había nada que hacer. Logré negociar su salida por veinticuatro millones de libras, una cantidad enorme para la época (y más teniendo en cuenta que le quedaba un año de contrato). Solo consideré el interés del club. Las relaciones con Alex Ferguson y el United habían mejorado, pero cualquier traspaso es una partida de póquer en la que no se puede ceder en nada. Los seis primeros meses de Van Persie en Mánchester fueron magníficos: colocó al equipo de camino hacia el título y a nosotros nos lo puso muy difícil. Pasados dos años (había firmado para cuatro temporadas), se lesionó, y Ferguson lo vendió al Fenerbahçe de Estambul. Me llamó porque quería volver, pero era imposible: él estaba al final de su carrera y nosotros invertíamos en jóvenes.

Alex Song nos dejó por el Barcelona el mismo año que Van Persie. Él también quería irse, había perdido las ganas de jugar con nosotros.

Sin embargo, para mí seguirán siendo jugadores del Arsenal, hombres que pudieron jugar a un fútbol que se parecía a ellos y que disfrutaron juntos los años más hermosos del fútbol.

Cuando la diferencia de potencial económico es demasiado grande entre clubes, los jugadores, después de un periodo bueno, sueñan con un gran contrato en otro equipo, y tienden a hacer primar sus intereses individuales o a comprometerse menos con el club.

Durante esos años, no ganamos el campeonato de liga. La victoria se nos escurría de entre los dedos por un pequeño detalle, una debilidad, una falta de atención, por inmadurez, a veces por un poco de egoísmo, pero siempre nos mantuvimos en la lucha contra los mejores. Había que seguir pensando en la renovación del equipo, en los jugadores que podrían dar un aire nuevo manteniendo el espíritu del club, su especificidad, su estilo. Y seguimos fichando. En 2012, llegó Olivier Giroud. Venía de Montpellier, donde se había convertido en el mejor goleador del campeonato francés. Tenía veintiséis años y llegó antes de debutar con la selección francesa. Merecía muchísimo respeto, porque en la adversidad siempre se podía contar con él. Con el tiempo, haría una gran carrera.

Otro jugador importante se unió a nosotros en 2012: Santi Cazorla. Se lo compré al Málaga después de dos meses de negociación. Es un jugador sensacional. Llegó con una sonrisa, siempre estaba contento y tenía una técnica impecable que hacía mucho bien al equipo. Me había fijado en él gracias a mi reclutador español, Francis Caggio, y a Pirès, con quien Santi había jugado en el Villarreal. Lo vi jugar y comprendí hasta qué punto llevaba el fútbol en las venas. Nadie era mejor que él técnicamente. Era diestro, pero jugaba igual de bien con la zurda. Elevó considerablemente el nivel técnico de nuestro medio campo.

A partir de 2013, empezamos a salir a flote económicamente. Entonces completamos uno de nuestros fichajes más emblemáticos: Mesut Özil. El mayor traspaso de esos años. Me había fijado en aquel joven que jugaba en el Werder Bremen, y estuve a punto de contratarle antes que el Real Madrid. Pero Mesut eligió al club español, donde se quedó tres años. Me encantaba su forma de jugar. Venía del campeonato español, mucho más técnico y menos exigente físicamente que el inglés. Se tuvo que adaptar, pero no le costó demasiado. Nuestro entorno futbolístico le convenía y estaba feliz. En 2013, con su ayuda, logramos empezar bien la temporada, nos pusimos a la cabeza del campeonato durante varias jornadas. La temporada fue una prueba para Özil: los periodistas y los hinchas esperaban que metiera la pata, pero acabamos cuartos del campeonato, nos calificamos para la Liga de Campeones y, sobre todo, ganamos la Copa de Inglaterra (2014), un trofeo esperado con el que rematamos el año a lo grande, en Wembley.

En 2014, intentamos traer a Luis Suárez. Teníamos un acuerdo con su agente y con el jugador. Dicho agente insistía en que había una cláusula según la cual, si se presentaba una oferta por encima de cuarenta millones de libras, el Liverpool tendría que dejar marchar al futbolista. Sin embargo, gracias a una indiscreción interna del Liverpool, descubrí que tal cláusula no existía. Para verificarlo, ofrecimos cuarenta millones y una libra. Aquello podría parecer grotesco, estoy de acuerdo. Pero el Liverpool no quería vender a Suárez, tenían los medios para quedarse con él y ya se perfilaba una oferta del Barça.

En 2014, 2015 y 2017 ganamos la Copa de Inglaterra, y en 2016 quedamos segundos en la liga por detrás del Leicester. Lo sentimos como una derrota, pero hay que decir que el Leicester no había perdido más que tres partidos en la temporada, uno de los cuales fue contra el Arsenal. Por desgracia, Cazorla causó baja en septiembre, algo que mermó el potencial del equipo.

Durante aquellos años en los que tuvimos que pelear tanto por lograr nuestros objetivos, en los que tuvimos que cerrar filas, los departamentos administrativos, comerciales y mediáticos crecieron. El número de gente que trabajaba en las parcelas técnicas y científicas en torno al equipo también creció. Había que luchar por mantener nuestra identidad y nuestra alma.

Los traspasos son parte integral del trabajo de un director deportivo. En gran medida, el éxito de la temporada depende de cómo se gestionen. Me opongo fervientemente a los traspasos a mitad de temporada, porque desestabilizan a los jugadores; con cada dificultad, se preguntan si no les iría mejor en otra parte.

Negociar es un arte en el que se necesitan las cualidades de un buen jugador de póquer.

Cada traspaso tiene implicaciones emocionales. Recuerdo una negociación en pleno Mundial de 1998. Teníamos reunión con el West Ham United y con Ian Wright para su traspaso. Todavía no sabíamos que Aimé Jacquet y Zinedine Zidane harían tocar el cielo con las manos a los franceses. A la mesa, en la terraza soleada de un restaurante, estaban Ian Wright, los dirigentes de West Ham, David Dein, su hija Sasha y yo. Después de las formalidades de rigor, empezamos a negociar. Sasha, muy discreta pero fanática de Ian Wright, comprendió poco a poco que estábamos vendiendo a su jugador favorito. Sin mediar palabra, siguió comiendo, pero sus lágrimas caían lentamente en el plato. Esa imagen simboliza bien lo que supone un traspaso para los hinchas: a veces, dolores intensos, pero también alegrías y esperanzas increíbles.

ϒ

En el mundo del fútbol, sobre todo en las ventanas en las que se pueden hacer traspasos, ser una presa fácil anima a los demás a comerte crudo.

Durante mis años en el Arsenal, he participado en cuatrocientos cincuenta traspasos. Siempre me ha guiado la voluntad de actuar con la máxima sencillez posible. Con el tiempo, veo que ha sido algo bueno: no hemos sufrido ningún contratiempo judicial en veintidós años.

Nuestros traspasos, como los de otros clubes, están siempre en el centro de grandes debates acerca del dinero: el dinero de un club, el dinero que gasta para fichar, el sueldo de los jugadores y de los entrenadores, la forma en la que un técnico adquiere la fama de derrochador o de excesivamente celoso con el presupuesto. El dinero siempre está ahí. A menudo, me han preguntado hasta qué punto un sueldo es decente. Indefectiblemente, contesto lo mismo: lo es siempre que no desequilibre el presupuesto del club. Sin embargo, entiendo que estos salarios puedan sorprender a cierta gente. Por eso considero que los clubes deben ser entidades privadas que no reciban ninguna subvención pública. Los sueldos solo son justificables en el fútbol si los ingresos equilibran los gastos. Hoy en día, gran parte del dinero de nuestro deporte proviene de los ingresos de televisión. Desde mi llegada al Arsenal (en 1996) hasta mi despedida (en 2018), se multiplicaron por ocho. Esto explica el aumento del salario de los futbolistas, y todo parece indicar que van a seguir creciendo.

Sin duda, tengo una relación particular con el dinero por mi carácter y mi historia. Empecé sin nada, con pocos recursos, me desplazaba solo para comprar y negociar un par de balones, dormía la noche antes de los partidos en camastros o viajaba con mi equipo en coches cama de segunda clase. Acabé inundado de balones, durmiendo en hoteles magníficos y viajando en estupendos aviones. El decorado ha cambiado, pero en el fondo lo que hace agradable la noche o el viaje no son las comodidades, sino ganar el partido.

Si el dinero, y no la pasión o la fidelidad, hubiera sido mi prioridad, podría haber ganado el doble o el triple abandonando el Arsenal y yendo de club en club. Siempre he pensado que lo primero son mis responsabilidades y el futuro de mi club. No quería que se pudiera decir que mi gestión había sido mala. Por encima de todo, deseaba el equilibrio. Hoy, el Arsenal está en una situación económica sana y fuerte. Hemos devuelto la deuda sin ayuda externa, vendiendo bien a nuestros mejores jugadores y siendo cuidadosos. A veces, la prensa y los seguidores me han reprochado ciertos traspasos, pero estaba saldando nuestra deuda. Siempre hemos vendido bien. De este modo, fui haciéndome mi reputación en el mercado de los traspasos: gracias a la intuición, a la experiencia, a mis agentes, que buscaban a los jugadores que encajaban con nosotros, gracias a la situación del club y a mi carácter, que nos obligaban a ser justos y firmes. Hemos practicado y defendido el *fair play* financiero antes de que fuera norma generalizada. Nuestro único modo de luchar como iguales con los demás clubes era que dejaran de invertir dinero que no tenían. El *fair play* financiero permitió que la competencia entre clubes fuera más justa, más sana. No obstante, ahora, abogaría por reglas menos estrictas respecto a la inversión en el fútbol y a un mejor control de la gestión interna. Flexibilizar las reglas del *fair play* financiero sería deseable para que los clubes evolucionaran. Debe evitarse que se fije una situación con clubes muy buenos y muy potentes, y otros siempre limitados y sin posibilidad alguna de inversión. Si no, se imposibilita el cambio en el equilibrio del poder. Se necesita tiempo y dinero para transformar un club. Actualmente, los que tienen una jerarquía fuerte la tienen porque invirtieron cuando el *fair play* financiero no existía.

Cuando se piensa en los traspasos y en el dinero del fútbol, se piensa en los agentes. Cuando yo empecé a jugar, no había agentes de jugadores ni de entrenadores. Con el tiempo, resistí (iba con mi carácter, con mi libertad): nunca he tenido agente. Actualmente, todo el mundo tiene uno. Sí que tuve un consejero económico, Léon Angel, que me acompañó desde el principio, así como un agente comercial y de imagen, Serge Kotchounian, que, con los años, se ha convertido en algo más: un hombre de mi total confianza. Para mi profesión de entrenador, siempre quise negociar solo los contratos. En el mundo de la televisión fue diferente, y Serge ha sido fundamental para permitirme tener opciones y sentirme libre. Nos conocimos en Mónaco y nos hicimos muy amigos. Me acompaña a todas partes.

Los agentes están para ayudar a los jugadores en la negociación de sus contratos. Lo ilógico de la situación es que son los clubes los que les pagan, no los futbolistas. Pero siempre ha funcionado así, lo cual crea una situación inflacionista. Cuando estaba en el Arsenal, limitábamos las comisiones de los agentes al cinco por ciento del sueldo anual del jugador, pero, poco a poco, estos porcentajes fueron aumentando. Pasaron al siete o al ocho por ciento; en la actualidad, los clubes pagan hasta el diez por ciento. Al igual que los futbolistas, los agentes se hacen más ricos y más poderosos. Como en todas las profesiones, hay de todo: los muy buenos, que saben aconsejar, que dan soluciones valiosas al jugador; otros que solo piensan en sus intereses; y luego están los peligrosos, esos que llegan a amenazar a sus jugadores. Es una profesión difusa, fluctuante, diversa, que sigue la evolución del fútbol. Algunos viven muy bien y otros dependen de un jugador y tienen una situación frágil, pues ya se sabe hasta qué punto todo es fugaz y pueden despedirlos de un día para otro por una discrepancia, por un miembro de la familia del jugador que quiere ocupar su lugar o por un agente más influyente que va a aprovecharse del trabajo previo. Es un oficio difícil e ingrato.

Para un entrenador, el arte de los traspasos y del mercado consiste en desconfiar, en ser firme, en medir la influencia real del agente sobre el futbolista y, en la medida de lo posible, de tratar con quienes se manejan bien en el mundo del alto nivel, que conocen el grado de exigencia que se busca, que cuentan con una excelente capacidad de análisis. Un agente debe ser capaz de localizar un talento, acompañarlo hasta alcanzar su máximo potencial, pero también debe saber que la vida de los grandes deportistas es difícil, ingrata y monótona; que es una vida regida por su rendimiento, marcada por la repetición de rutinas cotidianas. Creo que el mundo del fútbol está poblado de hombres que solo conocen superficialmente el juego y el alto nivel. Son falsos especialistas con opiniones sesgadas, dispuestos a mentir a su jugador por conservarlo. Como entrenador, he tenido que batallar muchas veces contra estos agentes que decían a sus jugadores lo contrario a lo que yo consideraba bueno: cuando identificaba una carencia, un defecto, una fatiga, una desmotivación. En ocasiones, he tenido que tomar la decisión radical de separarme de ciertos jugadores por tal razón: porque el diálogo y el trabajo ya no podían ser auténticos, ya no podíamos entendernos.

Tratar con los agentes, conocerlos, tratarlos una y otra vez durante las negociaciones y luego durante la duración del contrato de sus representados es parte integral del trabajo a tiempo completo de un director deportivo. Y un buen agente facilita el trabajo del entrenador y del director deportivo. Como entrenador, mantuve cierta distancia con el jugador, no me preocupaba por su vida privada o, por ejemplo, por sus salidas o por su esposa, salvo si el futbolista me pedía consejo o que le ayudara en algo (lo cual era raro). El entrenador está ahí para la parte deportiva. Un agente no tiene esa distancia. Está más implicado. De ahí su papel crucial y su influencia. Por eso siempre he dicho a los jugadores jóvenes que deben elegir bien de quiénes se rodean. Un futbolista que a los veintitrés años no ha purgado su entorno, que no se ha deshecho de las malas influencias, de las envidias, de quienes limitan su progreso, o de un miembro de la familia demasiado presente, de un consejero que no sabe bien de lo que habla, está en una situación difícil y no podrá mantenerse en el más alto nivel. Yo, que nunca he tenido agente (aunque compruebo que todos los entrenadores tienen uno), siempre he pensado que esta regla que sirve para los jugadores debería aplicarse también a los entrenadores: hay que saber rodearse de las personas adecuadas.

Un entrenador debe tener un entorno particular. Es un profesional que vive en un mundo incierto. Los resultados son frágiles y su valor varía de un día para otro. Es difícil mantenerse fiel a unos principios y con la cabeza alta cuando las cosas no van como uno quisiera. Por eso tiene que protegerse con gente solidaria y unida. Yo contaba con Pat Rice, Boro, el equipo de fisioterapeutas de Lewin, Steve Bould, Tony Colbert, Gerry Peyton, Sean O'Connor, Steve Braddock, Steve Rowley. Todos ellos tipos magníficos. También contaba con médicos que me ayudaron a lo largo de mi carrera: Crane, Beasley, O'Driscoll. Siempre que llegaba a un club nuevo intentaba rodearme cuanto antes de gente competente que conociera la entidad y su idiosincrasia. Hoy en día, es algo diferente: los entrenadores (también los jugadores) vienen con su propia corte, una suerte de camarilla que siempre va con ellos, un grupo que funciona como un club dentro del club. Por mi parte, nunca he querido tal cosa. Pero es parte de la evolución del oficio. El entrenador y el entorno deben trabajar para el club. Yo tuve la suerte de haberme comprometido en un proceso a largo plazo que me permitió construir, avanzar poco a poco con gente de mi total confianza. Sin embargo, sabía que, a fin de cuentas, yo era el único responsable: el entrenador decide solo, teniendo en cuenta las opiniones de los demás, pero suya es la decisión final; es a él a quien se le echa la culpa. Antes de cada partido genera descontento en los que no juegan, que se sienten decepcionados, traicionados o tristes. Se pueden quejar, despegarse del espíritu del grupo, cosa que puede perjudicar a la energía del equipo. Ser responsable es pasar a la acción y resolver los problemas. Constantemente, se debe trabajar para mejorar las relaciones tensas, con los jugadores, los agentes o los hinchas. En los momentos difíciles, es todo un desafío, pero así son las cosas: hay que apoyarse más en los adjuntos, en el club, no tanto en el entorno más personal.

En 2014 fichamos a Alexis Sánchez. Alcanzamos un acuerdo con su agente y el Barcelona después de un año magnífico del jugador en el club español (habían quedado subcampeones esa temporada). Era una bomba: tenía una voracidad insaciable. Era delantero, pero se movía por toda partes; su energía fue extraordinaria para el equipo. Era un futbolista salvaje con una gran fuerza de voluntad. Su carácter a veces lo situaba aparte en el equipo y lo convertía en un hombre todo pasión pero que se resistía al compromiso. Era íntegro, hosco, con un juego muy particular.

En 2017, en octavos de final contra el Bayern, sufrimos una derrota estrepitosa en el Emirates jugando con diez jugadores. No me cabía duda de que aquel era mi último partido como entrenador del Arsenal en la Liga de Campeones.

Sin embargo, en 2017, habíamos ganado al Chelsea, que iba primero del campeonato, en la final de la

Copa de Inglaterra, después de haber derrotado en la semifinal al Manchester City. Finalmente, quedamos fuera del *top cuatro* por primera vez en veintiún años y con setenta y cinco puntos.

Los días en el Arsenal se estaban volviendo más difíciles. Los jugadores se mostraban impacientes, el público se estaba rebelando contra mí y tuve la impresión de que había vuelto el clima tenso de cuando llegué a Londres. Sabía bien que veintidós años a la cabeza de un club es algo extraordinario, pero no estaba preparado para irme. Si hubiera dependido de mí, me habría quedado hasta el final del contrato. Me decía a mí mismo que había dado mucho, que me había sacrificado por el club, por lo que la hostilidad de una parte de la afición y de la junta directiva me parecía una injusticia. Tenía la impresión de haber construido el centro de entrenamiento y el estadio colocando yo mismo una piedra tras otra. Y era como si mi coche condujera por sí mismo cada mañana hasta el trabajo, tal era la inercia. No poder ir día tras día, no asistir a más partidos, no poder vivir mi pasión por el club fue muy duro, por no decir brutal. Para mí, el Arsenal era una cuestión de vida o muerte. Una vez que no tuve al equipo, pasé momentos muy solitarios y dolorosísimos.

Me he alimentado de Arsenal durante 1235 partidos oficiales. Mi último encuentro en el Emirates, el 6 de mayo de 2018, sigue siendo, en ese sentido, un recuerdo desgarrador. Jugábamos contra el

Burnley y ganamos 5-0. Hicimos una demostración de la que me sentí orgulloso, por supuesto, pero, de repente, viendo el partido, la ceremonia de despedida, observando las tribunas, me acordé de todo lo que habíamos vivido juntos, del estadio que tantos esfuerzos nos había costado construir. Intenté contener mis emociones y lo logré lo mejor que pude. Invité a amigos a cenar e intenté convencerme de que la vida continuaba.

Tras días de tristeza, lo conseguí. La sucesión fue difícil, me mantuve alejado voluntariamente. Me forcé a desaparecer, incluso si me parecía que quienes tomaban las decisiones del club lo conocían mucho menos que yo.

En el fútbol, hay periodos en los que un equipo es más fuerte o más débil. Pero sé que en el mundo entero se quiere al Arsenal porque es más que un equipo: encarna una forma de vivir el deporte, con pasión, justicia y elegancia. Los valores que defendemos se traducen en nuestros resultados, por supuesto, pero también en nuestra forma de ser, de comportarnos, de hablar en cada instante. Todo club carga con una cultura que puede olvidar durante un tiempo, pero siempre vuelve. Mikel Arteta acaba de tomar las riendas del equipo y sé que con él pueden renacer esos valores, ese espíritu, ese estilo que nos caracterizaba. Cuando Arteta era jugador del Arsenal, era pasional, determinado, inteligente, con la viveza y la determinación de la juventud, y creo que no ha perdido tales características. Es un buen relevo. Cuenta con la experiencia, las ganas que se requieren para intentar reanimar el alma del club. Y, en mi opinión, deben ser los antiguos jugadores, como Pirès, como Vieira, como Henry, quienes han de tomar el poder en la parcela deportiva.

No hay que revivir las viejas historias de amor: el Arsenal es una parte esencial de mi vida, de mi corazón, de mi memoria, pero no me corresponde a mí pensar en su futuro u orientarlo a partir de este momento. Llega otra generación que no puede rechazar el desafío.

Por lo que a mí respecta, la FIFA me ha ofrecido uno.

La perspectiva del tiempo y ver las cosas con cierta distancia, me han hecho consciente de mi buena suerte. He trabajado con los mejores y he conocido a la gente más destacada de todos los deportes o de la industria. El denominador común de todo éxito es la conjunción de actitud, talento y oportunidad. La gente que trabaja en el alto nivel debe analizar objetivamente sus resultados y ser exigente consigo misma. Un buen equilibrio entre inteligencia y motivación persistente te proporciona una buena dosis de humildad. En el deporte, humildad es saber que los resultados del pasado te dan credibilidad, pero no te conceden privilegios. Es lo único que te permite ser constante y mantenerte atento.

Por otro lado, sé que acabo de dejar una profesión que no deja de evolucionar. Actualmente, el entrenador ha de persuadir. Debe ejercitar su profesión gravitando en torno a tres puntos clave:

- La responsabilización.
- La personalización.
- La apertura.

Debe comunicarse clara y permanentemente, con el apoyo de la última tecnología para preparar y analizar su trabajo. El técnico no debe olvidar que ha de predicar con el ejemplo; de ese modo, los demás seguirán los valores de los que habla.

Asimismo, el jugador debe recordar que todo talento puede chocar con un muro si no va acompañado de esfuerzo. Cierto inconformismo (que suele ser una forma de tensión) permite ascender al nivel más alto. Según mi experiencia, solo los mejores trabajan en todas las áreas y se esfuerzan constantemente en todo lo que sea necesario.

7

Mi vida después del Arsenal

Mi marcha del Arsenal fue muy difícil y dolorosísima.

Desde siempre he vivido en el fútbol y para el fútbol.

Mi vida entera seguía el ritmo de este deporte. Por la noche, cuando volvía a casa después de una larga jornada en el club, seguía viendo partidos que me llevaban al trabajo del día siguiente con el equipo, a cómo iba a solucionar ciertos problemas, a cómo mejorar. Cuando me acostaba, repasaba la actividad del día y pensaba en el siguiente: los jugadores, los partidos, los entrenamientos poblaban mis noches.

Era una vida de monje dedicada al fútbol. Algo que había elegido, con pasión, quizás a veces también con un poco de locura y con sacrificio.

A menudo imagino mi primera conversación con Dios cuando me muera. Me preguntará qué he hecho con mi vida, qué sentido le he dado. Le responderé que he intentado ganar mis partidos. Y probablemente me preguntará, decepcionado: «¿Eso es todo?». Intentaré convencerle de que ganar partidos es menos fácil de lo que parece y que el fútbol tiene importancia en la vida de millones de personas, que crea momentos de unión, de alegría y de tristeza enormes.

He tenido que aprender a vivir sin el Arsenal, sin esa tensión permanente, sin los jugadores a los que quería, sin el terreno de juego, sin el césped (que era mi adrenalina, mi adicción, mi razón para vivir). Pero no puedo renunciar a mi pasión, a la aventura. Desde que era un niño, siempre deseé una vida con aventura, con riesgos. Por eso, todavía hoy, incluso a los setenta años, no sé qué voy a hacer mañana. Me reparto entre Londres, París y Zúrich, viajo mucho y suelo dormir en hoteles.

He recibido y sigo recibiendo numerosas propuestas que podrían devolverme a la competición, al terreno de juego y a la acción. Y siempre me emociona cruzarme con aficionados por la calle, con hinchas que me preguntan cuál será mi próximo club o me comentan sus pronósticos.

David Dean fue el primero que me habló de la FIFA y me hizo considerar su oferta. Sabía lo triste que estaba por no seguir en el Arsenal. Desde mi salida del club, en mayo de 2018, nos veíamos cada semana para charlar sobre el Arsenal y el futuro. Hablábamos todo el tiempo del club que tanto habíamos querido y por el que tanto habíamos hecho. ¿En qué se iba a convertir?

Ambos nos enfrentábamos a la misma dificultad: no hacer nada más. Para unos hombres que han pasado su vida tomando decisiones es algo difícilmente digerible. Pero hay que saber hacerse a un lado, aceptar el cambio con dignidad y con respeto por los sucesores.

David fue menos radical que yo. Él seguía yendo a los partidos en el Emirates. Yo los veía en televisión. Ya no puedo ir al estadio que ayudé a construir y del que conozco todos los secretos: todavía surgen demasiadas emociones. Lo mismo ocurre con el centro de entrenamiento, que era mi lugar favorito, en plena naturaleza.

Me mantengo lejos del club, pero eso no me impide, como a tantos otros hinchas, seguir sus partidos con emoción y continuar preguntándome por su futuro. Me he entregado en cuerpo y alma al Arsenal. Y, aunque ya no sea su entrenador, mi corazón será suyo siempre. Si se quiere al Arsenal un día, se le quiere para siempre.

Por supuesto que conservo a mis amigos, gente que me mantiene al corriente, que me cuenta sus vidas y la del club. Sin embargo, cuando uno se va, se tiene que ir de verdad. No hay que ser ambiguo. No es bueno ni para uno mismo ni para el club. O se está dentro, o se está fuera. Hoy en día, tras meses difíciles, he aceptado la idea de que la historia terminó y observo a la nueva generación de entrenadores, nutrida por antiguos jugadores, que tomarán en sus manos el destino del club y le devolverán el espíritu que conocieron.

David me dijo, respecto a la FIFA: «Ya es hora de que sirvas al fútbol actual». Sin duda, quería decir: «que sirvas de una manera diferente a cuando eras entrenador». Me proponía una actividad más global, con otro enfoque sobre nuestro deporte. Podía aportar mi experiencia, mis competencias y mi *savoir-fare* de tantos años de trabajo. Y podía ser una actividad que beneficiara al fútbol en general, no a un club exclusivamente.

Teniendo todo esto en cuenta, así como la importancia de lo que había en juego y los numerosos desafíos a los que habría que enfrentarse para desarrollar y promover el fútbol en el mundo, el 13 de noviembre de 2019, acepté el trabajo de director de Desarrollo Mundial del Fútbol de la FIFA.

Antes de aceptar, pensé en qué podría proponer, en qué era esencial para mí, en cómo podría hacer la FIFA para mejorar nuestro deporte, para pensar en el fútbol del mañana, para cambiar mentalidades. Tenía ideas sobre el arbitraje y el entrenamiento (es de lo que más sé), sobre la gestión y la formación.

El poder de la FIFA parece ilimitado. No obstante, ser una organización tan enorme (con doscientas once federaciones) puede implicar cierta inoperancia a la hora de tomar decisiones y ponerlas en práctica. Quería asegurarme de que podía resultar eficaz y crear una estructura humana con profesionales con los que pudiera trabajar libremente.

Desde entonces, esta misión ocupa mi pensamiento.

La FIFA se ocupa de tres cosas fundamentalmente:

- Organizar competiciones.
- Desarrollar las reglas del fútbol mundial.
- Educar.

Me gustaría colaborar sobre todo con su misión educativa y pedagógica. Tengo bastante claro qué puedo aportar y, desde mi llegada, lo he compartido con mi equipo.

Asimismo me gustaría crear un centro de investigación en Zúrich que desarrolle métodos de enseñanza del fútbol y sus reglas, así como medidas tecnológicas para todos los países. Un centro de investigación como este beneficiaría a todas las federaciones.

También me encantaría concentrarme en la formación de jugadores jóvenes para que cada chaval tenga las mismas oportunidades de triunfar, con independencia de que viva en Europa o en África o donde sea. Hoy en día, no sucede. También hay que crear más competiciones. La tarea es importante. Para ello, reflexionamos sobre el uso de nuevos métodos de enseñanza; sin ir más lejos, trabajamos en un programa *online* con entrenamientos en función de los tramos de edad de los jugadores y de la evaluación de la eficacia de dichos entrenamientos.

También debemos interesarnos por el fútbol femenino, que atrajo la atención del gran público en la Copa del Mundo de Francia. En el Arsenal ya teníamos un equipo femenino, y estaba entre los mejores. Inglaterra llevaba la delantera a Francia, con más equipos femeninos, más medios, más dinero y mayor interés.

Durante el Mundial, descubrimos que era un fútbol digno de ver, muy interesante. El fútbol femenino favorece el juego colectivo. Es menos físico que el masculino, pero igual de apasionante. Hay menos agresividad, menos tarjetas, menos interrupciones y, por tanto, más juego.

En mi opinión, el gran desafío del fútbol femenino en los próximos años es técnico; el dinero y el interés mediático llegarán más tarde. Las jugadoras tienen que mejorar su técnica, pero con entrenamientos específicos. Y la precisión llegará porque existe una gran voluntad de mostrar un fútbol hermoso, de entrenar y progresar.

Quienes se encargan de la actividad central de la FIFA, la del establecimiento y la puesta en práctica de las reglas del fútbol, tienen la responsabilidad de que estas se puedan aplicar en todas partes, para que no haya un fútbol de dos velocidades. Y hay que preservar el espectáculo.

Cada partido es una historia que debe conectar con cada uno de los espectadores y tratar de permanecer en el recuerdo. Algunos hinchas son capaces de volver a contar un partido treinta años después con precisión e idéntica emoción.

En estos últimos años, la evolución de las reglas del arbitraje ha permitido favorecer el espectáculo protegiendo a los jugadores, haciendo que el juego sea más justo, más rápido y más interesante. Hay que seguir acompañando y afianzando tales cambios.

He vivido todo tipo de situaciones como jugador y como entrenador respecto a los árbitros y el arbitraje. Durante mucho tiempo, las autoridades eran demasiado laxas con el arbitraje, dejando pasar fallos inexplicables e inexcusables. Eso hacía que jugadores, entrenadores y aficionados pudieran experimentar un sentimiento de injusticia feroz, de auténtica rabia.

Por mi parte, he tenido una relación bastante distante con los árbitros. Tal vez me haya equivocado, pero no me interesaba saber quién iba a arbitrar el partido siguiente. En realidad, yo tenía más bien un prejuicio positivo, pues imaginaba un colegiado justo e imparcial, aunque a menudo me he enfrentado a errores flagrantes.

Llegué a perder la sangre fría, a tener intercambios tensos con algunos árbitros y me he ganado algunas sanciones. Sabía que tenía que guardar la calma. Estar demasiado tenso e implicado en el partido, bajo tanta presión, cambia nuestra perspectiva y nuestra percepción de lo que sucede. Sin embargo, cuando el error era demasiado evidente y había grandes consecuencias, no podía contener la indignación.

Me expulsaron varias veces. Por ejemplo, en Mánchester, donde tuve que ver el partido en la grada. Recuerdo no encontrar mi sitio y estar perdido en medio de los hinchas, hirviendo de rabia. Aquello no era un espectáculo, sino más bien una cuestión de vida o muerte. Al menos, yo lo viví así.

Hoy, el arbitraje ha mejorado. Está en manos de profesionales que desempeñan su labor tras recibir una formación completa y exigente. Los árbitros están mejor formados y mejor controlados. Se los elige con mejor criterio, lo que aumenta la justicia de nuestro deporte. Asimismo, el videoarbitraje ayuda a los colegiados a tomar decisiones más justas. A este respecto, el papel de la FIFA es apasionante y fundamental.

Uno de los mayores desafíos es el de dominar la tecnología, aprovechar su precisión, particularmente el videoarbitraje, más allá del uso que ya tiene en la práctica habitual de nuestro deporte.

Por ejemplo, está la cuestión del fuera de juego, que aún supone un problema: hay que parar el vídeo y verlo casi al segundo. Mientras se realizan las verificaciones, el partido se para, los espectadores se desconectan y la intensidad en el estadio decrece. Las mejoras que esperamos en el videoarbitraje harán que los partidos sean más fluidos.

El fútbol no puede quedarse anclado en el pasado: hay que hacerlo evolucionar hacia una mayor transparencia en el juego. Es algo esencial. También por eso he elegido implicarme en estos cambios. Si hacemos que el fútbol evolucione, lo convertiremos en lo que es: un arte colectivo.

Entre mis tareas en la FIFA, hay una que me gusta particularmente: la formación de entrenadores y el seguimiento de los antiguos jugadores que, después de su carrera, quieren ocupar puestos de dirección en el seno de clubes o en las altas instancias del fútbol.

Después de haber sido futbolista, e incluso habiendo tenido mentores y modelos, me convertí en entrenador y me fui haciendo poco a poco con el puesto, el equipo y los desafíos. Desde entonces, no he dejado de evolucionar. Quizás entonces teníamos más tiempo para hacer experimentos. No había formación, así que no había ayuda: el entrenador estaba solo y no contaba con nadie, o casi nadie (estaba él solo ante el peligro). Hoy en día, la profesión se ha organizado, aunque todavía no haya un sindicato mundial de entrenadores. Hay más formación, y yo no dejo de contar mi experiencia tanto en la FIFA como en otras instancias, además de explicar lo que considero que es nuestro trabajo y nuestra responsabilidad.

Los medios que tenemos a nuestra disposición son mucho más numerosos, sobre todo en cuanto a los datos que podemos utilizar sobre el rendimiento de los jugadores. Es algo especialmente importante, pues un buen entrenador que sabe analizar los datos y se sirve de la nueva tecnología acompañará mejor la progresión de un jugador de una forma más justa y eficaz. Con estas herramientas, puede evitar «matar» a un joven jugador, y no limitar su desarrollo y su capacidad para tomar decisiones.

Hoy por hoy, mi responsabilidad está con mi trabajo en la FIFA en transmitir lo que he aprendido, sobre todo a los jugadores jóvenes que me preguntan qué es un entrenador, qué es un director deportivo. Nada puede sustituir lo que van a aprender por sí mismos ni sus propias experiencias. Pero pueden reflexionar y enriquecerse con enseñanzas que he extraído tras tantos años de profesión e implicación en el mundo del fútbol.

Para mí, un entrenador es el que sabe lo que quiere, quien tiene una visión clara y una estrategia.

Es alguien que se expresa con precisión.

Es quien pone en práctica sus ideas y es capaz de obtener el apoyo de sus jugadores para su proyecto.

Por tanto, debe ser un buen comunicador.

Es alguien que resiste el estrés, los juicios de los demás y la presión. Es alguien que no pierde la lucidez, que, en las situaciones difíciles, sabe distanciarse, ponerse por encima. Que no responde al estrés con pasividad o agresividad.

Es alguien con convicciones fuertes, que, por su comportamiento, sus valores, sus palabras, influye en la vida y en el estilo de un equipo y de un jugador. Debe ganarse el respeto y la confianza de sus futbolistas.

Es alguien con experiencia que sabe hacerse entender por los más jóvenes (que, por definición, no tienen experiencia). Escucha, se adapta y, a veces, cambia de estrategia, siempre con la mentalidad abierta.

También es un ser humano, benévolo, que quiere a sus jugadores, que tiene la capacidad de señalar las carencias y las insuficiencias con mano izquierda para mantener la motivación intacta y las ganas de superarse.

Es alguien que busca lo mejor, que apunta a la excelencia, en primer lugar para sí mismo. Se implica totalmente, sin descanso, para no descuidar ningún detalle, prestando atención a cada uno. Asimismo, exige lo mejor de sus jugadores, los empuja sin cesar hacia la excelencia, a sabiendas de que incluso los más grandes deportistas nunca dan el cien por cien de sus capacidades, que hay que obligarlos a superarse.

Los entrenadores también deben ser conscientes de la responsabilidad del fútbol, del poder que este deporte tiene sobre los jóvenes y la sociedad. Deben ser conscientes de las miradas que atraen, de la fascinación y la devoción que, a veces, suscitan. Un entrenador debe estar a la altura de ese poder. Ha de convertir el fútbol en el juego más hermoso y artístico de todos.

En mi actual responsabilidad, todavía conservo la disciplina que adquirí durante todos estos años de trabajo. Acostumbro a decir que la libertad reside en la disciplina que nos imponemos. Empiezo mi jornada con una hora y media de gimnasio (sin excepción, incluso sábados y domingos). Cuando puedo, no dudo en dedicar una hora de entrenamiento cardiovascular. Esa disciplina de hierro me permite (aún hoy) mantener la energía y la forma, porque sigo viajando mucho y tengo actividades más allá de mi puesto en la FIFA.

Comento partidos para Bein Sport y suelen pedirme entrevistas y conferencias en el mundo de la empresa. En ellas comparto mi experiencia y mis enseñanzas como entrenador. Los paralelismos entre el mundo del deporte y el empresarial son reales y suscitan mucho interés.

Sin embargo, mi vida después del Arsenal también me deja tiempo de hacer otras cosas que no tienen que ver con el fútbol, como estar pendiente de la actualidad del mundo entero. Todo me interesa, me apasiona (o casi todo); en particular, la economía, la política y la ciencia. Tengo tiempo para leer revistas, novelas y filosofía. Me fascina la relación que nuestra sociedad tiene con la religión, la búsqueda de la felicidad y la libertad. Voy al cine, al teatro, incluso tengo tiempo de ver algunas series. También dispongo de más tiempo para mis amigos, para mi hija, con quien comparto momentos que antes no habría podido vivir. Es algo muy valioso para mí. Mi tiempo tiene un valor innegociable, sobre todo si tengo en cuenta mi edad.

He tenido mucha suerte en la vida. Ha sido mucho más bonita que lo que hubiera podido imaginar de niño, allá en mi pueblecito alsaciano. He cumplido mis sueños, incluso esos que llevaba dentro y jamás osé compartir con nadie en voz alta. En cierto modo, he ido más allá de mis sueños.

He recorrido el mundo para experimentar emociones fuertes y vivir con la mayor plenitud posible la vida de descubrimientos y absoluta libertad a la que aspiraba en mi infancia. Para mí, el fútbol siempre ha sido una aventura. Todavía lo es.

Creo que lo importante es conservar el alma de niño y jamás perder de vista los sueños que cada uno tenga. ¿Cuáles son tus sueños, qué tienes que hacer técnicamente para conseguirlos (capacidades, medios)? Libérate de todas las ideas negativas que pueden impedirte alcanzarlos y, sobre todo, comprométete por completo.

Estoy convencido de que todas las vidas quedan inacabadas. Sé que me quedan muchas cosas que hacer: por el fútbol, por la gente a la que quiero y por mí mismo.

Soy un hombre con suerte. Me hace feliz poder seguir ligado al fútbol, trabajar en su evolución y compartir la alegría que ello me proporciona. Me gustaría contribuir a hacerlo aún más hermoso para todos aquellos a quienes les gusta.